ヨブ記を読もう

苦難から自由へ

並木浩一

NAMIKI, Koichi

日本キリスト教団出版局

本書におけるヨブ記の訳は、著者の私訳である。

はじめに

ヨブ記はヨブという一人の人間に下った苦難を扱った、極めて興味深い書物です。苦難という主題設定がこの書物の魅力ですが、主題の展開の仕方にも独自性があります。ヨブ記の叙述における第一の特徴は「外から」の出来事の強調です。ヨブに災いが下る原因となったのはヨブの品行ではなく、天上の世界での神とサタンとのやり取りの結果でした。それはヨブのあずかり知らないことです。ヨブにとって災いは外部からもたらされます。私たちにとっても災いは外からのものが基本ではないでしょうか。

第二の特徴は「徹底性」です。たとえば、ヨブは類例のない完璧な義人として紹介されます。息子たちが心の中で罪を犯したかもしれないという可能性のために、神の処罰を恐れて大げさにも七頭もの家畜を神に献げるのです。ヨブに下る第一回目の災いでは家畜だけでなくヨブの息子や娘がすべて命を落とします。僕が一人生き残ってヨブに悲報を伝えますが、その報告が終わらないうちに次々に僕たちの報告がもたらされます。続いて第二回の災いが下りますが、ヨブの全身が出来物に覆われます。という調子で、叙述の徹底性はヨブ記の全体に浸透します。ヨブが神に向かって彼を攻撃しているのだと非難の声を上げる時の言葉も徹底したものです。彼は徹底的に神を疑い、論難し、そして神の弁論を聞くと、徹底して神に信頼し、感謝します。

「徹底したものだけが面白い」。これはわが友人の言葉ですが、ヨブ記を読んで本当にそうだなと思います。皆さんもヨブ記を読んで、きっとそう感じるでしょう。この国は曖昧なことが多すぎます。ヨブ記の精神から学びましょう。

私とヨブ記との関わりは、ヨブにとっての災いのように、私の外部において決められました。若いときにヨブ記に取り組んだのは、聖書学の研究団体で割り当てられたからですし、その後の取り組みにも似たような事情がありました。ヨブ記の注解を出版したのは最近のことですが、それも私が日本キリスト教団出版局の求めに応じたからでした。本書の執筆もそうです。

しかし、それはヨブが災いを通して神との新たな関わりを獲得できたように、感謝すべきことでした。皆さんも本書を手に取ったのでヨブ記を読むという経験をなさるかもしれませんが、その小さな強制が幸せな結果を導くことを望みます。

目次

はじめに 3
まえがき 「ヨブ記を読む」ということ 7
1 主が与え、主が取り去りたもう（1～2章） 24
2 滅びよ、私が生まれたその日は（3章） 42
3 私の憤りをしっかりと量ってほしい（4～14章） 49
4 だが、私は知っている、私を贖う者は生きたもう（15～21章） 84
5 わが息の絶えるまで、私は自己の高潔を主張する（22～28章） 111
6 ここに私の署名がある、全能者は私に答えよ（29～31章） 138
7 ヨブよ、注意して私に聞け、沈黙せよ、私が語る（32～37章） 163

8　あなたに何と返答できましょう（38章1節〜40章5節）　176
9　私は塵灰であることについて考え直します（40章6節〜42章6節）　197
10　わが僕ヨブは確かなことを語った（42章7〜17節）　213
あとがき　219

装丁原案・桂川　潤、装丁・デザインコンビビア

本書に用いられている「ヨブ記　並木浩一訳」の全文を収録したファイルを、日本キリスト教団出版局のウェブサイトからダウンロードできます。詳細は左の二次元コードからか、日本キリスト教団出版局のウェブサイトを検索してご覧ください。

まえがき　「ヨブ記を読む」ということ

旧約聖書の魅力の一つはヨブ記を収めていることです。ヨブ記は正しい人間の不条理な苦難と信仰を取り上げています。この主題に引き付けられる人は多いのですが、ヨブ記は手軽な読み方を退けます。ヨブ記を読もうと思い立っても、その志を放棄した人は多いでしょう。何と言ってもヨブ記は42章に及び、長大で、読破に根気が要ります。1～2章（本書では「序曲」と呼びます）と42章7節から終わり（「終曲」と呼びます）までは「散文」で書かれたドラマで読みやすく、深刻な出来事とそれに対するヨブの対応がテンポよく語られます。

ところが3章以下42章6節までは「詩文」です。文体が変わるばかりでなく、雰囲気が一変します。3章に入るとヨブは自分が誕生した日を呪い、さらに神の創造世界が取り消されることを願います。ヨブの気持ちを語る独白は長く、話が進みません。その後、友人たちがヨブに応答しても、その批判は婉曲に語られています。ヨブの方も、友人から言われたことに即座には答えません。また、友人に答える代わりに、神に対して長々と訴えます。ヨブと友人との対論を期待する読者は面食らいます。

せっかく読み通しても、ヨブ記の結末に躓くこともあるでしょう。神はヨブの訴えに何も答えず、沈黙を保っていたのですが、ヨブが最後の訴えを述べて、神の応答を諦めた後、彼の意表を突いて語り出します。その雄弁は見事ですが、神はヨブの問いにはまったく取り合いません。神は創造世界をヨブの目の前に詳細に展開して見せ、創造の秘密を知らないヨブが創造者は不当だと主張できるのかと、彼の問いを一蹴します。神はヨブの切実な訴えに耳を貸さず、叱責の言葉を語るのみです。こんな一方的な神につき合うのはご免だと感じる人も多いでしょう。

確かに、神とヨブとの言葉のやり取りは、常識的にはまったく理解できません。かみ合う余地がないのです。3章以来、ヨブは神に執拗に食い下がり続けました。ところが、神が一方的な弁論を終えると、彼はすぐさま神に頭を下げ、自分の言葉を撤回してしまいます。何とも納得できない終わり方です。また、この書物の中央部を占めるヨブと友人たちとの言葉はすれ違いの連続です。このように詩文での言葉のやり取りは最初から終わりまで、ドラマの常識に従いません。これがヨブ記をいちじるしく読みにくい書物にしています。

そこで、読者はヨブ記の有名な箇所をいくつか拾い読んで、この書物を読んだことにするかもしれません。説教者がヨブ記を取り上げるときには、そうするのではないでしょうか。律法書や預言書などは少しずつ視野が違う文書の集成ですから、適当な箇所を選び出して読むことにも十分意味があります。しかし、ヨブ記はその全体が文学作品としてのまとまりを持ちますので、断片だけを取り上げるのは、現代小説を一部分だけ読んで全体を理解しようとするようなものです。ヨブ記は一人の人物、「ヨブ記作者」が書いた作品に起源します。しかし後代、ある知恵の教師がヨブの姿勢を批判し、自分の主張を書き加えています（エリフの弁論、32〜37章）。また論争を批評する詩を書き加えた人物もいます（28章）。エリフはヨブの戦いを理解できずに彼を叱責しますが、それもヨブ記の特色に裏側から光を当てます。ですからヨブ記を理解するためにはこの作品の全体を読む必要があります。それを行ってこそ、本来の著者の考え方および友人たちや批判者の主張や批評を理解できます。本書では以下、ヨブ記本来の著者を「ヨブ記作者」（あるいは「作者」）と呼びます。また、ヨブ記作者が書いた詩文に注目するときには、彼を「ヨブ詩人」（あるいは単に「詩人」）と呼ぶこともあります。ヨブ記作者は詩文、特にヨブの弁論において独自な思考を展開し、問題を突き詰めます。そのプロセスが重要です。

ヨブ記はイスラエルの知恵文学の一つです。「知恵」は、個々人の生き方を律法のように上から決められたものとして受け取るのではなく、人間の「経験」を省察し、人生と信仰のあり方の知識を獲得します。知恵の関心は神の正義と人間の正義の相即、信仰と行いの適切な関係、行いと幸不幸の因果の問題など多様です。友人たちは知恵の立場から、ヨブに信仰を説いていています。そのため、さまざまな現実を取り上げ、彼らの主張を補強します。それでも現実からは因果の確信を支えきれず、最後は人間の行為や思索を超えた神の突然の行為、もしくは神の宇宙論的な威厳の発揮に期待を寄せます。ヨブは友人たちに劣ることなく経験を取り上げますが、それは応報が貫徹していることに対して友人が寄せる楽観的な信頼を批判するためです。ヨブは現実の不条理を指弾して、不条理を行為と幸不幸の因果が成り立たないこと、神が不当であることの論拠とします。ヨブの主張は実にスリリングです。「知恵」を批判する知恵文学と言えるでしょう。それを理解するには、複雑に構成されたヨブ記の全体を読む必要があります。

そこで本書の目的も自ずから定まります。本書はヨブ記を通読するための案内を行います。ただし紙幅の都合もあり、省ける箇所は刈り込みます。これには要点の掌握を容易にするという利点もあります。

本書のヨブ記テクストには筆者の訳を用います。拙訳の全体は筆者の『ヨブ記注解』でご覧いただけるほか、本書の刊行に合わせて訳文をまとめた小冊子を作成する予定です。インターネットでも公開します。読者は通常、日本聖書協会の新共同訳か近年刊行された聖書協会共同訳（以下、共同訳と略記）、あるいは新日本聖書刊行会の聖書 新改訳二〇一七をお使いでしょう。それを承知の上で拙訳を用いるのは、さまざまに変化する叙述のトーン、とくに言葉を幾重にも並べて話者の気持ちの高揚を伝えるさまを取り次ぎたいからです。拙訳は動詞を文頭に置くヘブライ語文の特色を生かして、ヨブ詩人が勢い込む文体にも注意を払い、それを訳文に反映させています。節を越えて文を連続させるのは、各節の独立性を重視する従来の日本語訳聖書では難しいでしょう。原文のありようの反映は個人訳だからできることです。なお、ヨブ記以外の聖書テクストを引用する際には共同訳を用います。

個人訳だからできることが、もう一つあります。翻訳の底本となるヘブライ語のテクスト（マソラ本文）には、25章と26章に乱れがあります。教会で用いられる日本語訳聖書はマソラ本文を尊重するため、この乱れをそのまま残しています。しかし、拙訳は思いきって言葉を入れかえ、発言者の割り振りを改めています。一つの読みの可能性としてご覧ください。

ヨブ記の大きな問題はテクストの解釈です。解釈は個々人の判断に依存するので、読む人の数だけ異なる解釈があります。しかし解釈なしにテクストの意図は引き出せませんので、本書では筆者の解釈を記します。私見では、ヨブ記解釈の全体に影響を与えるのは、ヨブの応答の最後の詩行です（42・6）。この一文の解釈が、ヨブ記全体の読み取りを決定します。これは読者に対する、ヨブ記作者の挑戦状と言えるでしょう。拙訳は伝統的な解釈に従う諸訳とは異なり、新しい読み方を提示しています。

ヨブ記の成立時期について一言述べます。ヨブ記の大きなテーマである応報思想は、ユダヤ教正統主義と深い関係があります。したがって、ヨブ記が書かれたのはユダヤ教正統主義が形成されたペルシア時代の後期以降であると推定できます。また、ヨブの発言には、地理的視野の拡大（2・11、40・15～31）、隊商の活躍（6・15～20）、世界のどこにでも出稼ぎに行く土地を持たない人々が多数いて、悲惨な暮らしをしていること（24・5～11）、成り上がりの横暴（30・1～15）への言及があります。筆者はそれを考慮して、ヨブ記作者によるヨブ記の成立をヘレニズム時代初期、前三三〇年から三〇〇年頃と推測しています。

ヨブ記が成立した時代には、律法の規範的な権威の承認と祭司階級による神殿祭儀の重視、イスラエル民族の特別視というユダヤ教正統主義がほぼ完成していました。これはこの民族にしか通じない価値です。それに対してヨブ記作者は一貫して普遍主義の立場を採り、自民族中心の正統主義にははっきりと批判的です。とは言っても、この批判は明言されていません。読者は、彼のアイロニーに満ちた言葉遣いの根底に時代精神への批判がある、と読み取る必要があります。この読み取りは難しい作業でしょう。しかし作者の言語戦略の読み解きはヨブ記を読む楽しみの一つです。

次にヨブ記の文学的・思想的な特色の理解に役立つことを何点か挙げておきます。

1　ドラマとしてのヨブ記

「ドラマ」の特色は主人公が危機に陥って緊張がみなぎり、それを何らかの手段で克服することに認められます。しばしば主人公の勇気ある行為や知恵がものを言います。口承文芸である「民話」では、主人公の危機に際して彼に味方する救助者がすぐに現れますが、ドラマにはそういう救助者は現れません。

民話とドラマの違いを、創世記の族長物語に探ってみましょう。アブラハムが諸国民の祝福の基として選び出されてから間もなく、飢饉が約束の地を襲いました。そのために彼は餓えを避けて、妻サラと共にエジプトに下りました。しかし妻が美しかったのでファラオに召し上げられ、夫妻は危機に陥りましたが、神が行動を起こしてエジプトに疫病を下したためにかろうじて窮地を逃れました（創世記12章）。この物語では神が「救助者」の役割を担って登場します。

有名なイサク献供の物語（創世記22章）も似ています。父アブラハムが神の命令に従って一人息子のイサクを焼き尽くすいけにえとしようとして、縛られた息子に刃を振り上げます。その瞬間、主の使いがアブラハムを制止しました。この物語はドラマ的な緊張に満ちていますが、やはり最後には神の御使いという救助者が登場するので、ドラマではありません。

ドラマ的特色が見られるのはヤコブ物語（創世記27章以下）とヨセフ物語（創世記37章以下）です。ヤコブもヨセフも心ならずも異国で生活する苦労を味わいますが、その原因を作ったのは自分自身の行為でした。ことにヨセフ物語では主人公が夢見と夢解きの才能を見せたため、緊張を生み出す事件が続き、一つ一つが意外なかたちで解消されます。どこにも救助者は登場しません。危機を乗り越えていく原動力は人間の思考と意志です。

ヨブ記はヨセフ物語が開拓したドラマ路線を引き継いでいます。ヨブの強靱な意志が作品を貫徹します。神とサタンとのやり取りがヨブをとてつもない危機状況に陥れました。ヨブと友人たちとの論戦および神への抗議、神と出会う決意が緊張をもたらします。最初から緊迫した場面が連続し、最後にヨブは神の叱責を受け、緊張は頂点に達します。しかしその緊張は神によってではなく、ヨブの回心と新たな決意表明、そして友人たちを神に執り成す祈りによって解消されます。神は最後にヨブの境遇を以前に倍する祝福へと転換しました。しかしここでの神の行動はヨブに与えた打撃を元に戻したことであり、救助者としての働きではありません。ヨブ記は神とサタンが関与するドラマですが、決定的な意味を持つのはヨブによる神の叱責の言葉の解釈と神への応答でした。

ヨブ記は至る所で彼の複雑な心の動きを示唆しています。ヨブの言葉はしばしば両義性を発揮して、言葉の裏を読むようにと読者を導きます。ヨブ記作者は読者を鍛えるためにヨブ記を書いたのかもしれません。

2　宿命ではなく、運命を受け止める

通常、宿命と運命はほぼ同じ意味で用いられます。英語でも「宿命」(fate) と「運命」(destiny) の用法には本質的な差異がありません。しかし、ここではそれぞれに別の人間観を割り当てて考えてみます。以下、「宿命」は、人生が（たとえば、神々が定めたというような）不可抗力な因果に支配されているという考え方を指します。これに対し「運命」は、個々人が直面する現実に立ち向かって人生を切り拓くように促す働きを示します。

ヤコブ物語やヨセフ物語はすでに、主人公が負うべき運命を語っています。族長たちの積極的な行動が、そのような状況を招くのです。ヤコブは兄のエサウを騙したという積極的な行動をしたために、国外に逃亡せざるを得なくなり、その後のヤコブは自分で人生を切り拓きます。ヤコブはそうなる運命を逃げずに受け止めました。ヨセフ物語は人の積極的な行動が危機を招くというヤコブ物語の路線を継承します。ヨセフはエジプトでの試練に耐え、夢解きの実践をきっかけにして彼の能力がファラオに認められて首相となりました。最後には兄弟たちと和解し、彼らとの亀裂を修復しています。

ヨブ記の主人公はどうでしょうか。ヨブは比類なき義人でした。義人は実践によって実証されます。ヨブが義人であることを神が自慢したためにサタンの疑いを招き、彼はとてつもない災いを経験しました。もちろん彼はこの運命に立ち向かいました。

運命は、人間を受け身一方の存在とはとらえません。確かに人間は有限な存在であり、国家に属し、家族の一員であったりなかったりという、何らかの縛りを抱えて生きています。しかし、与えられた条件を「宿命」ととらえ、それに屈服して生きるか、そこに「運命」を見出し、新しい道を切り拓いて生きるかによって、人生が定まります。この違いは人生の危機においてはっきりします。

人生の難事に差し向かうヨブの姿勢は、ギリシア悲劇の主人公オイディプス王の姿勢に通じるところがあります。オイディプスは将来王となり、また王位を投げ捨てるという定めを負って生まれ、それに従って行動し、最後には自分の目を突きました。

オイディプスの悲劇は、彼に与えられた特別な知力と武勇を行使した結果もたらされたものでした。彼は知らずして父であるテーバイの王を殺し、疫病を鎮めてこの町の王となり、自分の母である先王の妃を自分の妃としました。そのため、後日、事の真相を知らされた王は、自分の目を突いて盲人となり、王位を捨てて放浪の旅に出ました。彼は最後まで自分の意志で行動しました。意志の強靱さと自発的な行動の選択はヨブに似ています。しかし両者は、自らを襲った苦難に対する姿勢が違います。真相を知った後のオイディプスの姿勢は宿命に従うものと言えるでしょう。

ヨブの場合は、神がサタンを納得させるために彼に災いが下されました。しかし、彼は苦難に立ち向かいました。彼は途方もなく深く大きい災難を不可解、理不尽なものと受け止めて、神に抗議して引き下がりません。彼は直面した苦境をひたすら引き受けて戦います。オイディプスは自分が行ったことが破滅を招き寄せるという意味を自覚できませんでしたが、ヨブは自分の行動の意味を最初から自覚しています。彼は自分が生まれた日に対する呪いも神の正義への疑いも被造者という立場から創造者たる神に行う抗議であって、それ自体が問題を孕むことを承知していました。ですから彼は後日の、自分に向けられた神の叱責を理解できました。ヨブは神から叱責され、被造世界を見せられたとき、彼に向けられた神の長大な語りかけがこの方の特別な計らいであることを理解して感謝しました。そのために、彼は自分が神の秩序の中に置かれていることを悟ることができました。それゆえに彼は被造者としての自分を再考するという決意を最後に言い表すことができたのです（42・6）。そのようなかたちでヨブは運命を担いました。

と言っても、運命そのものが最終的な意味を持つわけではありません。神は人間に対する行為をご自身の考えに従って自由に変更することができます。この事情を知るヨブは、神は自分を「僕」として選んだことについて、誠実に行動する方であるはずだと確信し、神に異議申し立てをするのです。ヨブに与えられた自由がヨブにそのような抗議を可能にします。苦難よりも深いヨブ記のテーマは神とヨブにおける「自由」です。

自由の自覚と行使において、ヨブと友人たちとは違いを見せます。友人たちはヨブが悲惨に耐えているある日、遠くから彼を見舞うために訪れました。彼らは初めのうち、ヨブの悲惨を目の当たりにして言葉を失っていましたが、やがてヨブの口から創造の撤回を願う言葉を聞くと、直ちにそれを神に対する高慢であると断じ、ヨブに対して、「神に従順であれ、被造者としての人間はもろい存在で、潰される衣蛾同様の存在だ」との趣旨の説得を繰り返しました。ヨブには、友人たちのこの主張は人間の「宿命」に従順であれ、との勧めであると聞こえました。彼は友人たちの勧告をきっぱりと拒絶し、不条理な苦難を下す神の姿勢を問い続けました。このようにヨブ記は宿命的な見方を退けています。

3　神の「真の証人」ヨブ

ヨブは友人たちとの論争を打ち切った後、神への最後の訴えを行いました。しかし、神の応答は望めないと感じていたでしょう。ところが神はヨブの予想を裏切り、突然に嵐の中からヨブに現れて、ヨブを質問攻めにしました。神はご自分の公正を疑問視するヨブを長々と叱責しました。それを聞いたヨブは回心して、神に感謝の応答をしました。それが神に対するヨブの最後の言葉です（42・2〜6）。

そこに至るまでのヨブ記のドラマを振り返ると、神はあたかもヨブの姿勢の全体を叱責し、ヨブは最後にその非を悟って懺悔したかのように理解できます。しかしヨブは、神が叱責したのは、彼が自分の正義の尺度をもって創造者の意図を推し量り、理不尽な苦難を下す神に抗議するという姿勢についてだけであることに気づきます。神はご自身に向けられたヨブの問いの正当性を否定しませんし、彼が恐れた無自覚な罪を問題にしません。ヨブは神の弁論を聞いてそのことを察知しました。しかしヨブ記には、そのような事情の説明がありません。ヨブ記は読者に対し「書かれていない事柄を読み取る」よう求めます。

ヨブが神に対して行った抗議は、被造者の行動としては不当でした。しかし彼は同時に正しかったのです。それは彼が不条理な苦難の中で、彼に親しかった神が「変わってしまった」と見えるにもかかわらず、かつて彼を祝福した神に固着したからです。ヨブはこの神の正しさを信じ貫いたがゆえに、ヨブは神の「真の証人」であることができました。実はこのような論旨で彼の姿勢を評価したのは、偉大な神学者であったカール・バルトでした（『教会教義学　和解論　III／3』に分散して収められており、それを一冊にまとめたのがゴルヴィツァー編『キリストの証人ヨブ』井上良雄訳、新教出版社、一九九七年です）。ヨブは神がかつてヨブを祝福のうちに置いたことによって、ヨブとの契約関係を実質的に築いていると理解していました。ヨブに災いが下った後も、神はヨブに対する肯定（1・8、2・3）を取り消してはいなかったのです。ヨブは過去の神の祝福の事実から決して目を離さずに神に差し向かいましたが、友人たちはヨブの神との格闘を理解できず、彼の言動を神に対する高慢であると批判しつづけました。彼らは、バルトの言葉を借用すれば、神に向かって「偽の証人」となりました。語り手は「終曲」において、友人たちに対し、神の「怒りが燃え上がる」（42・7）と語りますが、それは彼らが神のヨブに対する肯定を無視したからであると理解しないと、納得できないでしょう。

ヨブ記作者は福音書におけるイエスの死と復活の出来事を知っていません。それにもかかわらず、作者は神の人間に対する関わりの本質を見通していました。ヨブが陰府に立つ神を望み見た（19・25）ことは、キリスト者にはイエス・キリストの再臨への遙かなる待望を意味するでしょう。

ヨブが神に信頼される僕であるならば、神は彼に下した災いについての抗議を受けたときに、なぜ彼にその理由を語らなかったのでしょうか。神はヨブが「確かなこと」を語っていると評価しているにもかかわらず（42・7）、理由を語りません。神は最後にヨブに顕現して、あなたは抗議する資格があるかと叱責する以上のことを行いません。なぜでしょうか。

この疑問にはこう答えられます。神がヨブに苦難の理由を明かしたならば、彼はそんなことをする神への信頼を維持できないでしょう。もしヨブが神から「君への災いはサタンの疑いを晴らすために、あえてサタンに災いを下すことを許したのだ」と、苦難の理由を聞かされたとしたら、彼はそれを納得し、神への信頼を維持できるでしょうか。答えは否でしょう。神の説明によって、ヨブにとって苦難は神とサタンとの話で定められた「宿命」となり、苦難の中でなお神を信ずるという自由な服従の余地がヨブから奪われるでしょう。

苦難の死を遂げたイエスはどうだったのでしょう。イエスは十字架につけられるという受難を目前にして、その「苦い杯」を飲まないで済むことを祈り求めました（マタイによる福音書26・39ほか）。しかしイエスはヨブと同様に、何の答えを得ることもできません。もしそのとき、イエスが「十字架につけられても復活するのだよ」との確かな答えを神から得たとすれば、十字架上で「わが神、わが神、なぜ私をお見捨てになったのですか」と神に叫びつつ、神への固着をまっとうできたでしょうか。イエスはご自身の運命を自ら背負ったのです。

このように、ヨブ記は旧約聖書を超え出る意味の射程を持ちます。それを確認することも、ヨブ記を読む意味でしょう。

４　語り手とヨブにおける神の呼び名

サタンの手によりヨブに理不尽な災いが下った後も、ヨブは「主が与え、主が取り去りたもう、主の名は賞め讃えられよ」（１・21）と言って、神を主と呼びました。「主」（ヤハウェ）はヨブの親しい神でした。ところが友人たちが訪れた時の沈黙の後、ヨブは神について「主」と語らず、「神」もしくは「全能者」と呼ばれます。友人たちもその呼び方に従います。ヨブに知られた神が姿を消したことを示唆します。「全能者」は「シャッダイ」で一貫していますが、「神」は「エロアハ」と「エル」と二つの名前で呼ばれます。この三者は互換的で多くの場合差異なく用いられますが、「全能者」は中立的に用いられ、神の人格性が関わる時には「エロアハ」が、神を第三者的に記す時には「エル」が用いられる傾向がわずかながら見られます。「エリフの弁論」は「エル」を多用して、神の超越性を強調しています。以下の訳文では原語をルビで示しました。

5　ヨブ記テクストを訳出する工夫

ヘブライ語のヨブ記テクストには巻頭に「イヨーブ」という書名が記されるほかには、章節の指定も、付加部分の指示もなく、「序曲」や「終曲」などの見出しもありません。ヨブ記を読むには、のっぺりしたテクストを分節して、個々の言葉を全体の中に位置づける必要があります。筆者もそれを行っています。詩文の間に時々入る一行あきも、筆者の理解によるものです。

ヨブ記の根底には、神と人間の行為の正しさ、もしくは神と人間の権利の闘いがあります。それと関わることですが、ヨブと神との弁論では、代名詞の所有格が多く使われています。神とヨブとの発言をあるがままに読むためには、所有格の多用を無視できません。しかしその様子を訳文に写し取ると、流暢な日本語訳文にはなりません。筆者はそれを覚悟の上で、かつて岩波書店版旧約聖書でヨブ記を訳したときに始まり、『ヨブ記注解』を経て本書に至るまで、なるべく原文を忠実に反映する努力をしてきました。また筆者は、ヨブ記における「意外性の提示」には注意を払っています。例として、ヨブ記の語り出し部分（1・5）を挙げましょう。そこでのヨブは息子たちが宴会の際に「心の中で神を讃えたかもしれない」と考えて、神の処罰が下らないかと危惧しています。しかし、神を讃えて罪になることはありえないので、ヨブの過剰な用心は読者に違和感を与えます。しかしそれがヨブの義人としての振る舞いの完璧さを、笑いを込めて語る作者の狙いでしょう。それを伝達しようと思えば、妙な日本語表現になります。と言っても、よい日本語訳を提供したいという思いもあります。そのための努力は、たとえば野生動物の生態描写の訳文（39章）、とくに馬の躍動を伝える訳文（39・19～25）をご覧になれば、ご納得いただけるかと思います。

どうぞヨブ記を味わってください。

1　主が与え、主が取り去りたもう（1〜2章）

ヨブの人となり（1・1〜5）

作者は「語り手」を登場させ、ヨブを紹介します。その見かけは「民話」の語り手に似ていますが、出来事を淡々と語る役割を果たすためではなく、神、サタン、ヨブ、友人たちを紹介しつつ、彼らの思いを伝達する役割を果たしています。「終曲」においては、ヨブに下った災いの責任が神にあることをさりげなく指摘する役割も果たしています。彼はいわば「全知の語り手」です。「序曲」では、語り手は天上の世界で起きた事件を伝えます。

　ウツの地にひとりの人がいた。その名をヨブと言った。その人は完全で、まっすぐであり、神（エロヒム）を畏れ、悪を遠ざけていた。彼には、七人の息子と三人の娘が生まれた。彼の家畜保有は羊が七千頭、らくだが三千頭、牛が五百対、雌ろばが五百頭で、また非常に多くの使用人がいた。

この人は東の子らの内で最も大物であった。（1・1〜3）

「ウツ」とは誰も知らない土地です。ヨブという人がいつ頃のどこの人であるかについては、あえてぼかした語り方でドラマは始まります。ヨブは「東の子らの内で最も大物であった」と記されるのみです。誰の子どもであるかも紹介されません。「東」とはアラビア方面です。ウツはそのどこかであると読者は考えるでしょう。読者であるユダヤ教徒から見れば、東方は真の神を知らない「異邦人」の地です。ところが、そんなところにヨブという人がいて「完全で、まっすぐであり、神を畏れ、悪を遠ざけていた」のです。これらの形容句全体が用いられるような義人は旧約には見当たりません。比類のない義人が異邦にいたというこの宣言は、意外性に富んでいます。ユダヤ教のラビたちは、モーセの律法以前に異邦の地に生きたというヨブがいかに褒められても、われわれには関係ないと思ったことでしょう。作者は読者にそう思わせることによって、ヨブにどんな言葉を語らせてもよいという自由を手に入れました。

続いて語られるヨブの富の大きさも現実離れしています。その資産は過剰です。万事「過剰」もしくは「過少」がヨブ記の特色です。ヨブは義人としても、資産家としても、例外的な人間です。しかしヨブにとって、子どもたちの数や財産の多さが問題ではありません。ヨブにはこのことが神の祝福の証、いわば契約の事実としての意味を持っていたことが重要です。なお、富裕者であるにもかかわらず、ヨブの妻は一人であることが暗示されています。彼は一夫一妻主義を守るモラル感覚の鋭いヤハウェ信仰者です。後で語られますが、彼の妻はヨブの対話相手であり、人格的に扱われています。

彼の息子たちはそれぞれ自分の日に各自の家で宴を催し、使いを送って三人の姉妹をも呼び、彼ら一同で食事をして飲むのが常であった。宴の日が一巡するごとにヨブは使いを送って息子たちを呼び、彼らを聖別し、その朝は早く起きて彼らすべての数に応じた燔祭（はんさい）を献げた。ヨブはもしかすると私の息子たちは罪を犯し、心の中で神（エロヒム）を讃えたかもしれない、と思ったからである。ヨブはいつもこのように行った。（1・4～5）

ヨブは息子たちが定期的に催す宴において露呈するかもしれない不敬虔を気にして、ひとり彼らのために犠牲を献げました。「それぞれ自分の日に」とは曖昧な情報です。民話であれば、もっとはっきりと語るでしょう。宴の頻度も指定されていません。息子たちには贅沢な宴席を設ける財力があり、彼らは贅沢な宴会を定期的に開いて過剰な幸せを満喫しています。しかし庶民は貧しく、飢えを凌ぐのがやっとの生活です。この状況の中で宴会を開くヨブの息子たちは「神様、これは結構なことでございます」と神に感謝をするかもしれません。それがヨブの恐れる、「心の中で神を讃える」ことでしょう。しかしそれは、彼らの外の世界に住む貧者に対する甚だしい無感覚の表れであり、神の罰に値するに違いありません。ヨブはこれを恐れ、罰を予防する目的でまず彼らを「聖別」しました。罪からの絶縁の確認です。その後で家畜を犠牲として神に捧げる大規模な「燔祭」（共同訳「焼き尽くすいけにえ」）を挙行しました。

翻訳聖書では通常、「神を讃える」という句を「神を呪う」の婉曲語法ととらえ、そのように訳しています。その根拠は列王記上にあります。先祖の地を保持しようとしたナボトがサマリアの王アハブにぶどう畑を売らなかったので、アハブはならず者たちに「ナボトは神と王を呪った」と偽証させ、裁判に掛けて死罪としました（列王記上21・13）。ここで「呪った」と訳されている言葉が、ヨブ記のこの箇所で私が「讃える」と訳した言葉と同じなのです。しかし、この言葉の本来の意味は「祝福した」、すなわち「讃えた」です。ヨブ記作者は、読者がこれを反意的に読み取ることを期待しているでしょう。諧謔精神が働いています。

ヨブの試練　第1回（1・6〜22）

その日になり、神（エロヒム）の子らがやって来て、主（ヤハウェ）の前に立った。サタンもまたやって来て、彼らの中にいた。そこで主（ヤハウェ）はサタンに言った、「君はどこから来たかね」。サタンは主（ヤハウェ）に答えて言った、「地上を巡回し、そのあちこちを歩き回って来ました」。主（ヤハウェ）はサタンに言った、「君はわが僕ヨブに気づいただろうか。地のどこにも彼のような者はいない。なにしろ彼は完全で、まっすぐであり、神（エロヒム）を畏れ、悪を遠ざけているのだ」。（1・6〜8）

するとサタンは主（ヤハウェ）に答えて言った、「ヨブが理由なしに神（エロヒム）を畏れるものでしょうか。あなたは彼を、その一家を、またその所有物を護るために、垣で囲っているではありませんか。あなたが彼の手の業を祝福するので、彼の家畜は地に満ちています。そこでです、あなたが手を差し向けて彼の全財産を撃ってはいかがですか。彼はあなたに面と向かって讃えるに決まっています」。主（ヤハウェ）はサタンに答えて言った、「では、君の手に彼のものすべてを委ねることにしよう。ただし、彼を手にかけることはまかりならぬ」。こうして、サタンは主（ヤハウェ）の前から出て行った。

（1・9〜12）

神とサタンとのやり取りの結果、サタンが神の許可を得てヨブに大きな打撃を与えることになります。古代オリエント世界には、主神が新年に際して天上世界に神々を集めて会議を開き、各人の行状を審査して命運を決めるという神話的了解がありました。これは周辺世界にも知られていました。作者はそれを利用していますが、「天上世界」「新年」「会議」という言葉を使わず、神話から距離を取っています。「その日」（1・6）神はどこかで人間の検察官役のサタンと出会い、ヨブの義人性を自慢しました。ヨブに対する神の褒め言葉は、語り手がヨブの義人ぶりについて語る言葉（1・1）を反復しています。

ヨブは地上にいて、天上でなされた神のヨブへの評価も、サタンとのやり取りも知りません。彼は「苦難の理由」を知りえないのです。それは人間に隠されているということを物語っています。ヨブも例外ではありません。それを利用するサタンは、人間が神を讃えるのは神に保護され、祝福されている限りでのことで、人をひどい逆境に落とせば、ヨブといえども神を「讃える」（反意的に「呪う」の意味）に違いないと答えました（1・11）。神にも人間にも、存在と行為には理由があり、理由のある限り、人はアイデンティティーを保つことができます。それを知るサタンは、ヨブに何の説明もなしに、神信頼の根拠を打ち砕くような大きな苦難を下してはどうですかと、神に提案します。ヨブは自分の存在理由も神の存在理由も闇の中に放り込まれることに耐えて「神を畏れる」でしょうか。それを験すことが、「理由なしに」神に服従するかというサタンの問いのねらいです（「理由なしに」という言葉の多義性と訳法については、『ヨブ記注解』105頁の注を参照ください）。

神はサタンの提案に応じ、ヨブの命を取らないという限界を設けた上で、彼をサタンの手に「委ねる」ことにしました。

彼の息子たち、娘たちが長兄の家で食事をし、葡萄酒を飲んでいた日のことであった。ヨブのところに一人の使者がやって来て言った、「牛が耕し、その傍らで雌ろばが草を食べていると、シェバが襲ってきて、それらを奪い去り、剣を振るって若者たちを打ち殺しました。私一人だけが難を逃れ、あなたにご報告します」。（1・13〜15）

この者がまだ話し終えないうちに、もう一人が来て言った、「神（エロヒム）の火が天から落ちてきて、羊の群れと若者たちを焼き滅ぼしました。私一人だけが難を逃れ、あなたにご報告します」。（1・16）

この者がまだ話し終えないうちに、もう一人が来て言った、「カルデア人が三隊に分かれてらくだの群れを襲ってこれを奪い、若者たちを剣で打ち殺しました。私一人だけが難を逃れ、あなたにご報告します」。（1・17）

この者がまだ話し終えないうちに、もう一人が来て言った、「あなたの息子たちと娘たちが長兄の家で食べ、葡萄酒を飲んでいました。すると突然、大風が荒野を渡って襲来し、家の四隅を揺るがせ、若者たちの上に家が崩れ落ち、彼らは死にました。私一人だけが難を逃れ、あなたにご報告します」。（1・18～19）

地上世界が舞台です。話の流れから、サタンが手を下したことは明らかです。放牧されていたヨブの家畜財産と、子どもたち全員が一瞬に失われました。たった一人の生存者がヨブの許に次々に駆けつけ、起こった悲劇を報告します。第一に、シェバ人の略奪隊による襲撃により、家畜が奪われ、引率の若者たちが殺害されます。第二に、「神の火」、すなわち落雷によって、第三に、カルデア人の略奪隊により、第一の悲劇と同様のことが起こります。第四に、長兄の家に子どもたちが全員揃って宴を開いていた最中に大風によって建物が崩壊し、全員が死にます。このように略奪と自然災害が二度繰り返されます。子どもたち全員の死を聞かされたヨブは、生きる望みをすべて失ったほどの衝撃を受けたに違いありません。悲報を聞くヨブの表情は語られませんが、彼と妻が受けた打撃は想像を絶しているでしょう。神の怒りが子どもたちに下らないようにと願った聖別も燔祭も無駄に終わりました。祭儀に対する作者の懐疑が間接的に示されています。

そこでヨブは立ち上がり、その衣を裂き、頭髪を剃り、地に伏して拝し、言った、
「私は裸で母の胎を出た、
裸でかしこに帰ろう。
主（ヤハウェ）が与え、主（ヤハウェ）が取り去りたもう、
主（ヤハウェ）の名は賞め讃えられよ」。
これらのすべてに際して、ヨブは罪を犯さず、神（エロヒム）に対しておかしなことを言わなかった。
（1・20～22）

神はヨブがサタンによる打撃に耐えると信じていましたから、神はサタンと賭けをしたわけではありません。神に反逆する自由をヨブが持っていることを、神は認めています。信頼する相手に自由があってこそ、信頼は意味を持ちます。ヨブは「衣裂き」と「剃髪」という悲しみの仕草を丁寧に行い、「地に伏す」という服従の姿勢を示してから、神の信頼に応えるかのように見事な神への信頼の言葉を口にします。語られてはいませんが、その時のヨブは、突然訪れた巨大な悲惨の背景に神による祝

福の引き上げがあったこと、それが理不尽であることを自覚しているはずです。神への疑いと抗議の気持ちが芽生えているでしょう。それを押さえつけて、神への信頼の言葉が語られます。ヨブが「主の名は賞め讃えられよ」と神への言葉を締めくくったことで、サタンの予測は完全に外されます。サタンは独立した存在ではありませんが、神の言葉を疑わせる力を人間に対して発揮することによって人間を破滅させることができます。ここでのサタンはヨブの信仰を鍛え、心ならずも神に奉仕する存在として描かれています。

語り手は、ヨブが神から離れる「罪を犯さない」ばかりでなく、「おかしなことを言わない」（共同訳「非難しなかった」）という風変わりな表現で出来事を総括しています。「おかしなこと」とは「不条理」という理性的な判断を口に出すことです。後にヨブは、不正義が社会を支配する悲惨な状況を神が放置して、それを「おかしなこととは認めない」（24・12）と嘆いています。

ヨブの試練　第2回（2・1～10）

その日になり、神（エロヒム）の子らがやって来て、主（ヤハウェ）の前に立った。サタンもまたやって来て彼らの中におり、主（ヤハウェ）の前に立った。そこで主（ヤハウェ）はサタンに言った、「君はどこから来たかね」。サタンは主（ヤハウェ）に答えて言った、「地上を巡回し、そのあちこちを歩き回って来ました」。主（ヤハウェ）はサタンに言った、「君はわが僕ヨブに気づいただろうか。地のどこにも彼のような者はいない。なにしろ彼は完全で、まっすぐであり、神（エロヒム）を畏れ、悪を遠ざけており、依然、その高潔さを固く保っている。だが君は彼に敵対するようわたしを唆し、彼を呑み込ませようとした。理由なしに、だ」。（2・1〜3）

するとサタンは主（ヤハウェ）に答えて言った、「皮の保護には皮ですね。人は誰でも自分のいのちを護るためなら、自分のものすべてを差し出します。そこでです、あなたが手を差し向けて彼の骨と肉を撃ってはいかがですか。彼はあなたに面と向かって讃えるに決まっています」。主（ヤハウェ）はサタンに答えて言った、「では彼を君の手に委ねることにしよう。ただし、彼の命は護れ」。（2・4〜6）

サタンは主（ヤハウェ）の前から出て行った。彼はヨブを足の裏から頭の天辺までいやな出来物で傷めつけた。ヨブは土器のかけらを手にし、身体をかきむしった。彼は灰の中に座っていた。

（2・7〜8）

ヨブに対する第一回の打撃は大変なものでしたから、ヨブによる「理由」を超えた神賛美の言葉はサタンには意外だったでしょう。神は天上に戻ったサタンに、最初は第一回の出会いと同じ言葉で自慢をまず語りますが、「依然、高潔さを保っている」と、新しい言葉を付け加えて自慢しました。「高潔さ」（トゥンマー）は、神のヨブの褒め言葉「完全で」（タームム）という形容詞の発音を少し変えて抽象名詞化した単語です。この言葉はヨブが最も人間の高貴な信仰的な徳として誇るものです（27・5）。これがヨブの義人性の中核でしょう。「高潔さ」は律法の規定に合致しているかどうかという律法学者的な判断基準とは無縁であり、イエスやパウロに通ずる信仰の感覚です。

神はさらに、サタンが神をヨブに「敵対させ」、「理由なしに」ヨブを滅ぼすように仕向けたと言います。ヨブに下った第一回の災いは「理由がない」ものであり、神がヨブの敵対者として現れたことを神自身が認めています。神はサタンに対し、ヨブを私に呑み込ませようとしたと非難しました。しかしサタンは神の非難に耳を傾けず、逆に神に抗弁します。ヨブの周囲を撃っても、それは自分の外のことですから彼は音を上げませんよ。しかしその人自身を撃てば別です。ヨブといえども、人間の本性を現しますよ、と。

さらにサタンはこんな理由づけをしました。「皮の保護には皮ですね。人は誰でも自分のいのちを護るためなら、自分のものすべてを差し出します」と。ヘブライ語には、獣皮と人間の皮膚を区別する言葉がありません。日本語でも「面の皮が厚い」という表現があります。「皮の保護には」は具体的にはヨブの皮膚を考えているでしょう。サタンはこう言います。「皮膚が破られるのは人間にはあってはならない一大事ですから、人間はそれを防ぐためには、何でもしますよ。神さま、あなたは人類最初の夫妻をエデンから追放する際に、彼らの皮膚を保護するために、皮衣を作ってやったではありませんか（創世記3・21）。皮膚の重要性をよくご存じでしょう。今度は私にヨブの皮膚を破らせてください」と。これが神に対するサタンの二回目の提案でした。

「皮には皮を、と言います」（共同訳）は一般的な訳法です。サタンは等価交換の原理を語る言い方を利用して、「骨と肉」、すなわち「体」を直接に撃たれたヨブが自己防御に走るはずだと予告したのでしょう。ヨブが神を「讃える」とは、第一回の災いの時の予告（1・11）と同様に、呪うことを期待する反意的な言い方です。神は命を取らないことを条件に、サタンがヨブの「からだ」を撃つことを許しました。

第一回の災いと違い、第二回はたった一つの打撃です。サタンはヨブをひどい皮膚病で覆いました。「足の裏から頭の天辺まで」とのフレーズは申命記から意図的に引用されています。これは契約を破ったイスラエルに対して神が下す処罰、すなわち呪いの表現です（申命記28・35）。語り手はヨブに神の呪いが下ったのだと示唆しています。

皮膚はからだの「内」と「外」を分ける境界であり、危険な外部から命を守る役割を果たしています。この皮膚が全身の出来物によって破れ、膿が出ることは皮膚の役割である内と外との「境界」の破壊であるがゆえに、重大な「穢れ」として意識されました。穢れた人間は共同体全体を穢すことのないようにと、祭司によって町の外に出ることを命じられます（レビ記13・46）。ヨブが「灰の中に」座るとは、家々の外に捨てられる灰の中に身を置いたことを示唆しますが、祭司の指示を仰いではいません。それは悲しみを表す一時的な行動です。友人たちが訪ねてきた時には外にいたようです（2・12）。ヨブ記はヨブを律法以前の人と想定していますので、律法の指示に従う義務はありません。しかしこの叙述は、皮膚に穢れを発症した人間を隔離するよう求める祭司の考え方に対する疑問を呈しています。無駄に終わった大げさな燔祭（1・5）と同様に、律法や祭司・祭儀に対する批判を読みとれます。神はそれまでの神の祝福をヨブから取り上げましたから、ヨブの方も神との関わりを清算してもよかったのです。神が祝福を取り去ったと考えざるを得ない状況に陥った彼は、ここで精神の大きな危機に見舞われています。彼には、肉体の苦しみ以上に神との関係の破れに直面した衝撃の方が大きな意味を持ったでしょう。

彼の妻が彼に言った、「あなたは依然、自分の高潔さを固持されます。それなら、神（エロヒム）を讃えて死になされ」。（2・9）

夫の苦しみを見かねた妻が、生きることから解放される道を積極的に歩むように、夫に進言します。「あなたは依然、自分の高潔を固持されます」。それならそれを貫くしかないでしょう。「神を讃えて死になされ」と。「神を讃える」ことが神の怒りを招いて、神から死を賜ることになるでしょうか。否です。とすれば、ヨブには、妻の「神を讃えよ」という勧めが、反対の行為を示唆していることだと理解できます。諸訳はここで「神を呪え」という訳を提示しています。しかしそう訳すと、ヨブ夫妻のやり取りの機微が消えます。ヨブの妻は悪妻ではありません。ヨブの高貴さに信頼した上で、それを貫いて早く楽になってください、と進言しています。何という夫婦間の信頼に満ちた、知的な言葉のやり取りでしょうか。作者はこの妻の名前を紹介しません。しかし、この後も妻はヨブを支えます。英国の銅版画家ウィリアム・ブレイクは、ヨブ記の各場面を描いた挿絵において、ヨブに寄り添う妻を描いています。ブレイクはヨブ記から真実を読み取っています。大事な人の名前を記さない作者は、読者が妻の重要さを見落とすように仕組んでいるようです。

ヨブは彼女に言った、「あなたが語るのは愚かな女の誰かが語るようだね。われわれは神(エロヒム)から幸いを受け取るのだから、災いをも受け取るべきではないか」。これらのすべてに際して、ヨブはその唇によって罪を犯さなかった。(2・10)

ヨブは妻を「愚かだ」と決めつけません。おばかさんの仲間入りしたのかね、とからかい気味に言います。次いで、「われわれは神から幸いを受け取るのだから、災いをも受け取るべきではないか」と、決定的な言葉を口にします。昼を享受する者は夜をも受け取るのだ、「違うかね」とヨブは問いかけます。ここには信仰とはそういうものだと語って、「主が取り去りたもう」という前言（1・21）に同意する強さがあります。これは闇には目をつぶって昼の恵みのみを願うご利益宗教の願望とは無縁です。ヨブは神に対し、皮膚病が癒やされることを求めません。読者はヨブのこの姿勢に驚きます。

第一回の災いのときと同様、再び語り手が締めくくりを語ります。「ヨブはその唇によって罪を犯さなかった」と。作者は唇と内心とを区別しません（27・4参照）。ヨブの神への服従を口先だけのことだったのでは、と疑うのは誤りです。

三人の友人の訪問（2・11〜13）

ヨブの三人の友が、彼に臨んだこれらすべての災いを耳にして、各自の居所からやって来た。テマンの人エリファズ、シュアハの人ビルダド、ナアマの人ツォファルである。彼らは共に行って彼に同情を表し、彼を慰めることにした。彼らは遠くから目を凝らして見たが、彼がヨブであると識別できないほどであった。彼らは声を挙げて泣き、各自その着物を裂いて、塵を彼らの頭上で天に向けて撒き散らした。彼らは七日七夜、ヨブと一緒に地に座っていたが、彼に話しかける者は一人もいなかった。その苦痛がはなはだしく大きいのを見たからである。（2・11〜13）

ヨブの一大災難は周辺に聞こえ、彼の三人の友人たちがヨブを慰問に来ました。三人は東方のそれぞれの地、テマン、シュアハ、ナアマの有力者だったでしょう。彼らは落ち合って一緒にヨブを訪れました。ヨブは町の外に座っていたので、遠くから彼を見ることができましたが、その姿の変わりぶりを見て驚き、彼らも衣を裂き、塵を頭上に撒いて（ヨシュア記7・6）、悲しみを表しました。

彼らは立派な友人たちでした。彼らは黙って苦痛に耐えるヨブを見て、通常の見舞いの言葉をかけることができず、七日七夜、一緒に座るという、無言の慰めを贈りました。素晴らしい友情です。七日間とは、死者のための嘆きの期間です。彼らの知る立派なヨブは死んだのだというつらい認識を示唆しているかもしれません。友人たちが沈黙を守ったのは、ヨブに対する気遣いでしょうが、それ以上に、彼らが信ずる応報の神がサタン的に振る舞うという現実にショックを受け、自分たちの信仰の根拠が失われたのではと感じて、混乱状況に陥ったからではないでしょうか。

ヨブに対して最初の災いが告げ知らされた日から、彼の親しい神は姿を消しました。しかし3章のヨブの独白、4章から27章に及ぶヨブと友人たちとの対論、および29章から31章までのヨブの二回目の独白を熟読しますと、ヨブは神に激しく抗議すると同時に、神だけに信頼するという二重の関係を維持していることが分かります。友人たちがヨブを慰問しに来ましたが、その友情を間近に感じつつ、彼が沈黙を保ったままであったのは、彼が神への二つの姿勢の間に置かれて沈思黙考しているからでしょう。ヨブは単に肉体的な苦痛を黙って忍んでいたわけではありません。他方、ヨブを前にしての友人たちの沈黙は、正しく応報するはずの神が目の前から消失し、言葉を失った者の恐れと困惑を語るものでしょう。ヨブと友人たちのこの沈黙体験の内容的な違いが、3章以下での両者の姿勢の違いとして展開します。

2　滅びよ、私が生まれたその日は（3章）

そのことがあって後、ヨブは口を開いて、自分の日を呪った。
ヨブは応答して言った。（3・1〜2）

ヨブの独白　第1回（3・1〜26）

滅びよ、私が生まれたその日と、
益荒男（ますらお）が孕まれたと告げたその夜は。
その日は、暗闇があれ、
高きに在す神（エロアハ）がこれを訪ねず、
昼の光がこれを輝かすなかれ。
暗闇と暗黒がこれを取り戻せ、

黒雲がそれを覆い尽くし、
日を苦渋にする者たちの流儀でその日を脅かせ。
その夜は、闇がこれを捕獲して、
年の日々を楽しまず、
月々の一夜に加えることなかれ。
まことに、その夜は不妊となり、
歓声が挙がることなかれ。
呪わせよ、日に呪いをかける者たちに、
レビヤタンを起こすのに巧みな者たちに。
暗闇になれ、黄昏の星たちも、
光を待ち望んでも叶えられることなく、
曙のまばたきを見ることなかれ、
まことに、それが私を孕んだ胎の戸を閉ざさず、
わが眼に災難を隠さなかったがゆえ。（3・3～10）

なぜ、私は死んで子宮を離れなかったのか、
胎を出るや否や、息絶えていなかったのか。
なにゆえ、両膝が私を待ちかまえていたのか、
どうして両の乳房があって、私がそれを吸ったのか。
それがなかったなら、今、私は横たわって安らかであり、
眠りに入って後、安息を得ているであろうに、
地上の王たちや参議たち、
自分たちのために廃墟を立て直した者たちと一緒で、
自分のために金を集めた君侯たち、
その館を銀で満たした者たちと一緒であろうに。（3・11〜15）

どうして、私は密かに埋められる死産児でなかったのか、
直ちに光を見ることのない赤子でなかったのか。
かしこでは、邪悪な者たちも騒動を止め、
かしこではまた、力衰えた者も憩いを得、

捕らわれ人たちも皆、共に安らかであって、
酷使する者の声を聞かない。
小物も大物も、かしこでは同じで、
隷従者もその主人から解放されている。（3・16〜19）

なにゆえ、苦しむ者に光が、
魂の苦しみを味わう者に命が与えられるのか。
彼らは死を待っても、それが与えられないので、
隠されたものの中からそれを掘り探ろうとする。
彼らの喜びが頂点に達するのは、
彼らが墓を発見して歓呼する時なのに、
その道が隠されている益荒男に対して、
神（エロアハ）は彼を閉じ込めたのだ。（3・20〜23）

まことに、わが呻きはわが食事に先立ち来たり、

わが叫びは水のように注ぎ出される。
まことに、私が恐れていたことが私に臨み、
私が怖じていたものが私を襲った。
私は憩うことなく、安らかでなく、
鎮まらず、騒動に襲われる。（3・24〜26）

沈黙を保っていたヨブが、友人たちの到着後から一週間後に突然に語り出します。信仰者として神を呪うことのできないヨブは、人が生まれた日、さらに遡って自分が胎に宿ったとの報知がなされた夜が暦から消えてしまえ、神と無縁になれ、創造以前の暗闇に呑み込まれてしまえと願う呪詞を口にします。被造世界の滅亡を招こうとする、聞くも恐ろしい重々しい言葉の連続です。それを見事な詩文で語る。ヨブ詩人の面目躍如です。

この調子が次第に高調し、8節でヨブは、原始の怪獣レビヤタンの眠りを覚まして、光の創造から始まった神の世界創造を光の対極である「暗黒」に支配させ、創造の業を無に帰させようとします。自分が生まれたことを取り消したいのです。それは不可能ですから自分の誕生に関わった月日を抹消したい。しかし部分的な月日の抹消はできないので、創造全体の抹消を求める。その実現のために、

神の創造に対抗できる力のあるレビヤタンに一暴れしてもらいたい。神によって創造時に押さえ込まれて眠らされているレビヤタンを目覚めさせよう。このように、ヨブの願望が次々と大げさになります。ヨブは大真面目に語りますが、作者の諧謔が効いています。

諧謔はまず、ヨブが独白の冒頭において「益荒男」として孕まれたと自認していることに見られます。益荒男（ゲベル）は普通、兵となりうる立派に成長した男子を指します。ヨブは母の胎に孕まれたときから益荒男だったと主張します。さらに父母のことも眼中に入れません。そもそもヨブ記の書き出しはヨブの父祖の名前を無視しています。3章は彼の自意識過剰に満ちています。それを筆者は汲み取り、日本語としてはやや古風な「益荒男」という言葉を訳語に選びました。

この益荒男の主張は、結論的に言って、神の創造の業に対する挑戦にほかなりません。作者は最も重要なことを最初に言います。本章で展開される神の創造への挑戦に比べれば、4章以下に次第に展開される神への抗議などかわいいものです。ヨブがここで示した決定的な挑戦を無視できず、神は38章以下において、創造者の配慮と力をヴィジョンによってヨブに示します。

ヨブはこの独白で、闇の支配が復活することを願います。自分が生まれなければよかったのだ、なぜ、苦しむ者に光が与えられるのかと抗議します。ついには、死んでいる方がよほどましなのに、死が訪れてくれない生の中に閉じ込められるのは真っ平だ。そこでヨブはこちらから死を探り当てようと語ります。死者たちの平等（18〜19節）は詩人の人間に対する平等感覚の投影でしょう。

本章の最後に、ヨブが「恐れていたこと」が自分に臨んだと言います。それは彼を苦しめる災いそのものではなく、彼の存立を危うくする「神の理不尽」でしょう。ヨブは友人の訪問の間、内心で神に訴えていたでしょうが、神は沈黙を守っています。それは「神の蝕」であるとも言えます。神が失われれば、神の支配の正しさが失われ、ヨブも世界も存在の意味を失います。意味を喪失したまま生きることほど恐ろしいものはないでしょう。まさに「恐れていたこと」です。ヨブがこのように考えるのは、彼の苦難が偶然の出来事ではなく、神の意志が働いていると確信するからです。神の意志が働いている限り、神の存在は否定できません。

3　私の憤りをしっかりと量ってほしい（4〜14章）

ヨブと友人たちの対論（4〜27章）をどう読むか

詩人は二四もの章を使ってヨブと友人たちとの対論を展開します。友人たちはエリファズ、ビルダド、ツォファルの順にヨブを諭す弁論を展開し、ヨブはそれぞれに対して自らの弁論を行います。この一めぐりをもって一回の対論と見た場合、対論は三回行われます。ただし最終回はツォファルの弁論に入る前に、ヨブが友人たちに論戦の打ち切り宣言に等しい論難を行い、終止符を打ちます。

この対論は、私たちが考える対話とは異質なかたちで進みます。ヨブも友人たちも相手の論旨を意識していますが、批判されたことを取り上げてすぐに反論を行うわけではなく、それぞれが自分の思うところを述べます。それも論理的に行うのではありません。比喩を多用して主題についての自分のイメージを展開します。それは広い意味でのモラル（人間のアイデンティティーを決める社会的、信仰的な行動基準）に関するイマジネーションの展開だと言えます。これについては『ヨブ記注解』に載せた解説をご覧ください（144～146頁）。現代の論理展開に慣れた読者には、同じことの反復表現に見えます。しかしよく読めば、少しずつ論点は動いています。友人たちの主張は、同じ信念を表現を変えつつ反復していると言えます。他方、ヨブは自分が死に近づいていることを自覚しており、その状況の中で真実を求めるので、過激な発言が目立ちます。しかしそれは彼が繰り返す試行錯誤の一つです。

ヨブは友人たちを相手にしながら、実は神の行動と沈黙の不当性を追及し、それと共に世界における不正義を告発することに重点を置いています。不公正に目をつぶる友人たちの信仰は希望的願望に過ぎないことをヨブは暴露します。古代において、ヨブ記ほどに「不都合な真実」を執拗に追究した書物はないでしょう。

ヨブは神に対して自分の扱いの不当を諭す仲介者の出現を望みます（16・19～21）。それが不可能だと分かると、ヨブが身を横たえることになる陰府にまで神が降り立ち、彼を救い出すことを期待します（19・25～27）。それも不可能だと悟ると、彼は友人たちとの論戦に決着をつけることに尽力します。友人たちとの対論の後、ヨブは神から無実の宣言を得ようとして自己の潔白を誓います（31章）が、それも無駄に終わると思われたそのとき、神が意表を突いてヨブに現れ、長い弁論を始めます（38章）。その弁論に耳を傾けたヨブは、終わりに神と和解します。彼は感謝に満ちて神への服従を表明するのです（40・3〜5、42・1〜6）。ヨブと友人たちとの対論はこの最後の局面を準備する長いステップです。ヨブはその中で世界の現実を取り上げ、人間の信仰の虚実を多面的に考察していますので、そのことだけでも読み応えがあります。

ヨブと友人たちとの対論部分を万遍なく紹介すると長くなりますので、以下では特徴のある部分を取り出して読んでまいります。

エリファズの弁論　第1回（4・1〜5・27）

ヨブの悲惨は知恵者として神の正しい応報を信じていた友人たちを脅かしました。言葉を失った彼らを生き返らせたのはヨブです。ヨブが自分の誕生の日を呪い、被造世界の消滅を願う言葉を聞いて、彼らはヨブがなぜ苦しまなければならないのか理解しました。苦難を招いた原因はヨブ自身にあり、応報の原則は正しいと確信したのです。そこで彼らは神に抵抗するヨブの不遜を諌めて、神の応報への信頼を取り戻すようにと訓戒します。対論の火蓋を切ったのは友人の代表格のエリファズです。彼はおそらく友人の中でも年長者で、人生体験に根ざした弁論に長けています。

誰かが一言あなたに語ると、あなたは弱り切るだろうか。

これらの言葉を控えるのは誰にもできないだろう。
まことに、あなたは多くの人を教導し、
数々の弱々しい手を強くしてきた。
あなたの言葉はよろめく者を起こし、
かがみ込む者の膝には力を与えてきた。
ところが、いざそれが臨むと、あなたは弱り切り、
あなたの身に触れるとうろたえる。
あなたの畏れが、あなたの基盤ではなかったのか、
あなたの歩みの完全さが、あなたの望みではなかったのか。（4・2〜6）

思い出してみよ、無実の者が滅びることがあったか、
まっすぐな人で破滅した者がどこかにいただろうか。
私が見るところ、不法を耕す者、
災難を蒔く人は、その実を刈り取っている。
彼らは神（エロアハ）の息によって滅び、

彼の怒りの息吹きによって消失する。（4・7〜9）

冒頭の弁論からエリファズの弁論技術が遺憾なく発揮されています。彼は「私がこう言えば」、など直接的な言い方を避け、「誰かが一言あなたに語ると」と三人称を主語にして、丁重に語り出します。しかしそれは語り出しの一瞬の謙譲で、次節からは批判の鋭利な矛先をヨブに向けます。ヨブよ、あなたは普段は立派なことを他人に言っていたが、一旦わが身に災いが及ぶとうろたえているのではと、きつい揶揄を語ります。始めから上から目線の言葉を浴びせます（4・2〜6）。疑問形を用いることで、強い批判を形ばかり和らげています。

続いてエリファズは神の「応報」が確実であることを端的に語ります。ヨブの悲惨は自らに原因があったのだ、と示唆するためでしょう。彼はまず、無実で正しい人間は滅びないが、不法を働く人間はその結果を刈り取って滅びる、と宣言します。詩編の詩人も同様な発言をしています。「正しき者が捨てられ　その子孫がパンを乞うのを見たことがない」（詩編37・25）。このような認識が一般的であったことを語ります。

善行には善果が下される。エリファズが「見るところ」、この因果に例外はありません。「応報」は自然法則のように「原理」として確実に働いているのだというのが、エリファズの、そして友人たちの信念です。この信念の上に、友人たちは応報原理に支えられる言語装置である「応報思想」を展開します。「思想」とは、複雑な現実を説明するための、言語化された世界観のことです。それにふさわしい「物語」が紡がれます。物語は、応報という原理を有効に伝える上で不可欠の手段です。人々は物語に取り込まれて、この世界の根底にある原理を受け入れます。友人たちは、人々が共有する応報思想の正しさを疑いません。悪人が滅ぶのは、悪行が神の怒りを招くからです。

エリファズは最初の弁論で、神の怒りを買った獅子が獲物を得ることなく滅びるという喩えを語って、応報思想を補強します（4・10〜11）。ヨブと友人たちとの論戦においては、友人たちもヨブも喩えの力を借りて相手を圧倒しようとします。そこで喩えが多用されますが、動植物の喩えが目立ちます。なお、「神の弁論」（38・1〜40・2、40・6〜41・26）では、神ご自身が被造世界の秩序を維持する知恵を語るために、動物界と怪獣を活写します。それもヨブの知らない世界にまで拡大された喩えであると理解できます。

この私には言葉が忍び入り、
私の耳はそこからの囁き（ささや）を捉えた。
夜の数々の幻によって、私は胸騒ぎを覚え、

人々が深い眠りに落ちる時、
恐れとおののきが私を襲い、
わが骨のすべてを震わせた。
霊が私の顔を掠めたので、
私は身の毛がよだった。
それは立っていたが、
その姿を私は見分けられなかった。
一つのかたちが私の目の前にあった。
静寂があり、そして声。それを私は聞いた。
人は神（エロアハ）よりも正しいだろうか、
人間はその造り主よりも清いだろうか。
そもそも彼はその僕たちを信頼しないし、
御使いたちにも過ちを認めるのだから、
なおさらのこと、泥の家に住む者たちは、
塵の上に彼らの基を据える者たちは。

彼らは衣蛾より早く潰され、
朝から夕方までの間に砕かれて、
永久に滅びて、忘れ去られるだけだ。
確かに、彼らの命綱がそこから引き抜かれると、
知恵は役立たずのまま、彼らは死んでいく。（4・12〜21）

選ばれた人だけが超常的な深い眠りに落ち、その最中に啓示体験を味わうことができます（たとえば創世記15・12）。詩人は多神教的な神話が背景にある天上の世界を認めたくないので、はっきりとは記しませんが、エリファズは天上世界に引き上げられているかのようです。エリファズは天上で神のような存在者が語り合う言葉をかすかに聞く幸運にあずかったと主張します。静寂が支配する状況描写は詩人の詩的才能の賜物で、緊迫感が漂っています。この段落冒頭の「この私には言葉が忍び入り」は、原文通りに訳せば「私に盗まれた言葉が臨んだ」です。エリファズは天上での会話を盗み聞きしたのでしょう。詩人はここで、エリファズの霊的な体験はその程度のものだと暗示しています。

人は神的な存在者を見ることはできませんので、エリファズは神との対面を「一つのかたちがあった」（民数記12・8を参照）と言っています。この段落の後半は、その存在者から聞き取った言葉を紹

介します。人間は神よりも正しいはずがない。エリファズの特色は、それと並べて、人間は「清くない」、すなわち「穢れている」し、「過ちに満ちている」ので、人が見つけ次第に潰す「衣蛾」のような存在に過ぎないのだと、人間の価値を貶めるところにあります。結局、人間には神に抗議する資格がまったくない、という結論になります。それればかりではありません。人間の苦難は人間の穢れが必然的にもたらす「宿命」だということになりましょう。

おお、何と幸いなことよ、神（エロアハ）が訓戒するその人は。
あなたは全能者（シャッダイ）の懲らしめを退けてはならない。
まことに、彼は傷つけても、また包み、
撃っても、その手はまた癒して下さる。（5・17〜18）

あなたは充実の内に墓に入る、
あたかも穀物の束が時期に適って積まれるように。
われわれの究め尽くしたのはこの通りだから、
あなたはこれを聞き、よく認識するがよい。（5・26〜27）

エリファズは創造を取り消したいというヨブの願望を聞いて彼に対する信頼の姿勢を変化させ、彼の災難には彼が撒いた種があり、彼がその咎に気づいていないのでは、と疑い始めています。そこでエリファズはヨブの頑な態度をたしなめた後で、神に対して謙虚になることを勧めます。神が下した災いはヨブには不当な扱いと見えても、実はそれは神の「訓戒」もしくは「懲らしめ」であるから、苦難を「幸いなこと」として受け止めよ、と諭すのです。これは箴言に見られるような、知者による苦難の「教育的」理解の典型です（箴言3・11ほか）。イスラエル民族は周辺のオリエント世界と同様に鞭による教育を行っていました。神の「懲らしめ」は子を愛する父の「しつけ」に似ています。

エリファズのように、神の前での人間は踏み潰されても文句を言えない蛆虫のようなものと見なせば、ヨブは苦難を負っても生きているだけで幸せです。ヨブは謙虚であれば、やがて神の癒やしにあずかり、幸せになるはずです。これをエリファズは経験知としてヨブに語り、あなたも知者であるから、それをよく認識しなさい、と締めくくります。

ヨブの弁論　第1回（6・1〜7・21）

エリファズの忠告がいかに友情に溢れたものであったとしても、不条理な苦難は神の存立に関わる問題であると受け止めるヨブには、見当外れで冷たい勧告に聞こえたでしょう。彼は現実に根ざしていない神話的な発想にはそもそも批判的です。

ああ、私の憤りがしっかりと量られ、
私の災いも一緒に秤に載せてもらえれば、
今、それが海の砂よりも重いことを示せるのだ。
それゆえに、私の言葉はかくも過激なのだ。
まことに、全能者（シャッダイ）の矢の数々が私に刺さっており、
私の霊はその毒を飲み、
神（エロアハ）の威嚇が私を包囲している。（6・2〜4）

ああ、私の願いが叶えられ、
神（エロアハ）が私の望みを聞き入れて下されば、
神（エロアハ）が私を打ち砕くことを良しとし、
その手を引いて、私を断って下されば。

そうなれば、私はまだ慰められ、
仮借ない苦しみの中でも小躍りするものを、
私が聖なる者の言葉を隠して置かないがゆえに。
わが力がどれほどのものなので、私は待たねばならず、
私がどんな終局を迎えるので、わが魂は耐えねばならないのか。
わが力は石の力なのだろうか、
わが肉体は青銅なのだろうか。
一体、わが助けがわが内にあるとでもいうのか、
成功の手立てが私から取り去られているではないか。（6・8〜13）

ヨブはエリファズの勧告を無視して、彼の心を占めている神の不当な行為に対する苛立ちを露わにします。神の不条理は神の存立を脅かし、自分のアイデンティティーも危機に瀕しているので、私の「憤り」とそれをもたらす「災い」の重さを量ってほしい、神に私の危機的事態を知ってほしいと、言葉をぶつけます。その危機をヨブは「全能者」（神の言い換え）の「矢」が刺さり、自分は矢の毒、すなわち神の不正義を飲んでいるのだと、驚くような強い表現で語ります。しかし神がヨブの訴

えに耳を傾ける気配はありません。もしそれが続くのであれば、私は苦しみから逃れたいので、神ご自身がせめて私の命を砕いてほしいと、ヨブは呻きます。

ヨブがこれほど苦しむのは、彼が神は正義の神であると信じているのに、神は彼に対する攻撃者に転じているからです。彼の神への信頼が痛めつけられます。こんな苛立ちを口にするのであれば、ヨブもまた「応報」に立脚しているのではないでしょうか。答えは「然り」です。神は正義を愛し、正しい行いを是とし、悪行を退けます。この応報に対する信念がなければ、神との関わりにおける社会正義への問いも、神ご自身の正しさへの問いも意味を持ちません。ただしこれは「原則」であって、神も人間も常に法則に沿って行動するわけではありません。人の行動には人の欲が介在します。人間の社会的行動は身勝手です。この世界では、力がものを言います。そのため、見事な応報の働きは現実には稀にしか認められません。それでもなお、ヨブは「応報」が「原則」であるという信念を手放しません。それについての確信がなければ、神に対する訴えは意味を持ちません。友人たちはヨブのこの信念に理解を示しません。何よりも神がヨブの期待に応えず、ヨブを攻撃するのみで、彼の心をくじくのです。

落胆している者には、その友から誠実を示すものだ、彼が全能者(シャッダイ)への畏れを棄てていようとも。
わが兄弟たちはワディのように欺くのだ、
流れが消えた後の空谷のように。
それは氷によって濁り、
水面を雪が隠しているが、
季節になると溶けて消え去り、
暑くなるとそのところから消滅する。
隊商たちは彼らの道を転じ、
荒れ地に上がって滅びる。
テマの隊商たちは目を凝らし、
シェバの隊列はそれを希求したが、
当てにしたために恥じ入り、
そこにたどり着いて狼狽する。
今、あなたがたはそのようにならなかったのか。
あなたがたは恐ろしいものを目にして、恐れたのだ。（6・14〜21）

神を相手にしていたヨブが、ここでは友人たちに向かって批判を語ります。ヨブは友人たちの友情を感謝し、理解を期待していたのですが、いきなりお説教を食らって期待外れに終わりました。ヨブは、暑い季節に「ワディには水があるはずだ」と信じて裏切られ、狼狽する隊商たちのありさまに自分を重ねて、落胆を語ります。しかしヨブは最後に、実は狼狽しているのは、私の悲惨を間近に見て沈黙を余儀なくされた君たちの方ではないのか、と切り返しています。これだけで一編のドラマになるような見事な喩え話です。語り出しの「落胆している者」はヨブ自身を指します。友人の目には、彼は「全能者」への信仰を失った者に映るのでしょう。南の乾燥地帯にあるワディに氷が張り、雪が覆うとは詩人の想像力の賜物です。その光景が夏の暑さと乾燥との対照を際立たせます。虚実ないまぜの言葉遣いの妙を味わいましょう。

地上の人は苦役に服しているではないか、
その一生は日雇い人の日々のようではないか、
奴隷のように影を喘ぎ求め、
日雇い人がその賃金を望むようではないか。

正にそのように、空虚な月日が私の相続分とされ、
苦難の夜が私に割り当てられている。
臥してから、私は考える、「いつ起きられるだろう」と。
しかし夕暮れはたっぷり続き、私は暁までのたうつ。
わが肉は蛆と塵の土くれを着て、
わが皮膚は静まって、また溶け出す。(7・1~5)

月日は機の梭よりも速く、
糸が尽きればわが日々も終わる。
覚えて欲しい、わがいのちが息に過ぎないことを。
わが目が再び幸いを見ることはない。
私を見る者の目が、私を認めることはなく、
あなたの目が私に向けられても、私はもういない。
雲が消えて去り行くように、
陰府に下る者が上って来ることはない。

彼が再びその家に戻ることはなく、
彼がかつていた場所も、彼を再び識別することはない。(7・6〜10)

前半の段落では、ヨブは昼夜を問わず苦しめられる様子を語ります。彼の皮膚は破れ、かさぶたができては壊れます。彼が皮膚の様子を語るのはここ(7・5)と、あと一箇所(30・30)あるのみですが、彼がひどい状況に置かれていることを示唆します。後半の段落では、ヨブは寿命が尽きる日が迫っていると感じています。神が彼に応答してくださらないままで「陰府(死者の行き場所)に下る」ことを彼は恐れて嘆きます。彼の切羽詰まった状況が提示されます。

だが、この私はわが口を制止することなく、
わが胸が締めつけられるままに語り、
わが魂の苦しみの中から嘆き訴えたい。
一体私が海だというのか、それとも竜なのか、
あなたは私に対して見張りを置く。
そんな時私は思う、わが寝床が私を慰めてくれるだろう、

わが臥所が私の嘆きを引き上げてくれるだろう、と。
だが、あなたは数々の夢によって私を困憊させ、
数々の幻によって怯えさせる。
わが魂は選び取る、息の根を止められることを、
わが骨よりも、むしろ死ぬことを。
私は拒む、いつまでも生きようとは思わない。
私を放って置かれよ、わが日々は空疎なのだから。（7・11〜16）

神は苦しむヨブを容赦なく責め立てるために、死なせないのではと思わせるような陰湿な攻撃を行うのだと、ヨブは考えているようです。夜には夢と幻によってヨブを苦しめます。神との交わりのない日々は「空疎」以外の何ものでもないので、「骨」（活力の象徴）を奪ってほしいと彼は神に願います。ブレイクはヨブ記への挿画（銅版画）に、竜のような魔物が寝ているヨブにのしかかる、戦慄すべき光景を刻んでいます。

ヨブの苦難について、彼と友人たちの理解がまったく違うことが弁論の初回のやり取りから明らかになりました。両者が辿る平行線は最後まで交わることがありません。

ビルダドの弁論　第1回（8・1〜22）

あなたはいつまで、そのようなことを語るのか。
あなたが口にする言葉は荒々しい風だ。
神（エル）が公正をねじ曲げるだろうか、
全能者（シャッダイ）が正義をねじ曲げるだろうか。
もし、あなたの息子たちが彼に罪を犯したならば、
彼が彼らの罪過の手に彼らを引き渡したはずである。
もし、あなたが神（エル）に向かって切に求め、
全能者（シャッダイ）に向かって憐れみを切望するならば、
もし、あなたが清く、また正しいのであれば、
まことに、彼はあなたのために起き上がり、
あなたの正義の住まいを修復して下さる。
あなたの始めは小さくても、
あなたの終わりは極めて大きくなる。（8・2〜7）

ビルダドの発言はヨブによる友人たちへの批判を聞いた直後ですから、エリファズのような気遣いなくヨブを批判します。またその言葉遣いもエリファズのように上品ではありません。作者は登場人物にそれぞれの特色を持たせています。

ヨブは最初の弁論で、自分の言葉は友人たちには頼りない息（風）のようなものだろうと語っていました（6・26）。それを意識したビルダドは、いやいや「荒々しい風だ」とやや攻撃的に言葉を返します。ヨブと友人たちとの論戦はこのようにちょっとした言葉遣いに批判や反論を込めて語ります。

神は公正をねじ曲げないと、ビルダドはヨブの先手を取って宣言します。「公正」もしくは「公義」（ミシュパート）は多くの場合「正義」（ツェデク／ツェダカー）とペアで使われ、共同体と神の行為の正しさを指します。ヨブにとって、この言葉は最も重要です。神に対するヨブの抗議は、神が公正を無視しているのではないかという疑いが根底にあるからこそ成り立ちます。ビルダドはヨブの論拠を逆用して、神が公正を曲げることはないので、ヨブが陥っている苦難は、ヨブ自身が正しいのであれば、息子たちが神に罪を犯したからではないかと切り込みます。そうであるから一族の長であるヨブに苦難が下っているのだ、と言わんばかりです。ビルダドは、応報は「原理」として正常に機能していると考えます。神は応報原理の保証者です。彼はヨブがそのことを認めて神に憐れみを切望すれば、また、あなたが「清く」、正しいならば、そのとき神は考え直し、与えた打撃を修復するであろうと語ります。「清いならば」という条件づけは、「人間はその造り主よりも清くない」というエリファズの判断（4・17）を継承していますから、「ヨブは穢れている」という結論になります。

この段落の結びには注目すべき発言があります。神の応報が働いていないというヨブの疑問に対して、ビルダドは「（応報の）始めは小さくても」と言います。あなたは応報の開始を見落としているかもしれないが、幸せの回復は確実で、「終わり」は大きいものになる、と。皆がそれを信じれば、人生は安定するでしょう。「共同幻想」を信じて幸せになろうと言っているように聞こえます。このように、友人たちはヨブの苦悩にはまったく関係のない弁論をその後も延々と続けます。両者のすれ違いが読みどころです。

ヨブの弁論　第2回（9・1〜10・22）

確かにそうだ、私もそれぐらいは知っている。
神（エル）に対し、人はどうして正しくありうるだろう。
人が彼と争うことを望んだところで、
千に一つも答弁できない。

彼の意志は知恵に満ち、その力は強い。
そんな方に挑戦して、誰が無傷のままでいられよう。（9・2〜4）

彼は強力だから、誰が見ても、力では敵わない。
裁判に持ちこんでも、誰が私のために呼び出せるだろうか。
たとえ私が正しくても、わが口が私を有罪と宣し、
私が完全でも私を曲がった者とするので、
私が完全なのか、私自身でも分からなくなり、
わが命を拒むようになった。（9・19〜21）

同じことなのだ。それゆえ、私は言う、
彼は完全な者も邪悪な者をも等しく滅ぼす、と。
鞭が突然に命を奪っても、
彼は無実の者たちの落胆を笑っている。
地は邪悪な者の手に渡されているが、

彼は地を裁く者たちの顔に覆いをかける。
彼でないなら、一体誰がそうしたのだ。（9・22〜24）

エリファズは、人間が神もしくは造り主「よりも」正しいことはありえないと語りました（4・17）。この発想は神に対する人間の無力を語る友人たちに共通します。神が人間から正しさを問われることはありえないのです。ヨブも神と人間の違いは百も承知です。「人が神に対し」法廷などで神と争って、正しいとの認定を勝ち取ることはできないし、神に不当を訴えても、力が違いすぎて傷を受けるばかりだと語ります。しかし、ヨブは人間が神に問うこと、訴えること自体が不当だとは認めません。そう主張しながらも、神に対して敗れ続けた結果、彼は自身の訴えが正しいのかどうか、自分でも分からなくなったと言います。分裂した自己への言及は、精神分析での着眼を先取りしているように感じます。

自己が分裂すれば、神のあり方についての確信も崩れます。ヨブにとって、神は人間が正しく生きることなどどうでもよいと考える冷淡で恐ろしい暴君ではないかとまで思われます。そこで彼は、裁判人が真実を見ることのないように、神は彼らの顔に覆いを掛けてしまうのだ、とまで妄想します。ヨブを最も苦しめるのは、彼が受けているひどい苦しみではありません。社会の不正を放置し、彼に過酷な仕打ちをする神が果たして公正の神であるのかどうかという、彼の実存を脅かす疑いです。

彼は私のように人ではないから、私が彼に応え、
われわれが一緒に裁判に臨むことはできない。
われわれの間に、仲裁者がいればよいものを、
彼が二人の上に手を置いてくれるだろうに。
彼が私の上から杖を取り去ってくだされればよいものを、
彼の恐怖が私を威嚇しないようにと。
私は語りたい、彼を恐れることなしに、
私は覚悟しているのに、それができる状況ではない。(9・32〜35)

彼の疑いを晴らすために裁判が開かれればよいと願いますが、ヨブは暴君のように振る舞う神に対抗できないので、両者の間に立つ「仲裁者」の存在を希求します。しかし、ヨブが裁判に出る覚悟を固めたところで、神は応じないでしょう。ヨブは解決策を何度も模索しては、それは現実性がないと判断して引っ込め、新たな模索を始めます。作者はヨブの試行錯誤を、変わり続けるヨブの思いを通

じて読者に示します。

わが魂は生きることを拒む、
わが嘆きを解き放ち、わが魂の苦しみを訴えたい。
神（エロアハ）に向けて言いたい、われに罪ありと決め給うな、
なぜ、私と争うのか、理由を教えて欲しい。
あなたはお思いか、押し潰してもよいと、
あなたの手の所産を棄て、
邪悪な者たちの企みを輝かせてもよいと。（10・1〜3）

ヨブは彼が受けている理不尽な苦難を、神による攻撃だと感じています。彼は神の攻撃の「理由」が分かりません。「理由」が分からない神の攻撃ほど、ヨブにとって耐えがたいものはないのです。彼は死んでしまいたいとさえ願います。ヨブは神の応答がないままに衰弱が進み、暗黒の陰府へと下る日が近づいていると感じ、焦りを募らせます（10・20〜22）。

ツォファルの弁論　第1回（11・1〜20）

言葉数の多い者は反駁されないのだろうか、
口達者が正しいと見なされることもなかろうに。
あなたの無駄話が男どもを沈黙させただろうか、
あなたが嘲笑して、反論する者がいないだろうか。
あなたは言う、「わが説得は清く、
私はあなたの目に清廉だ」と。
だが、神（エロアハ）が語ってくれるなら、
彼があなたに対して口を開いてくれるなら、
あなたに隠れた知恵を告げるなら、
あなたの賢さは二倍になろう。
知っておくがよい、神（エロアハ）はあなたの咎の一部を忘れて下さる。（11・2〜6）

対論におけるヨブは友人たちの二倍は語っていますから、量的にも口数が多いのは事実です。それ以上に言葉の内容が問題です。ツォファルは言います。「わが説得は清く、私はあなたの目に清廉だ」

とは呆れた言い分だ。だが、神があなたに知恵を授けてくださって、まともなことが言えるようになるなら、神は「あなたの咎の一部を忘れて下さる」だろうと語ります。この発言は「ヨブに咎あり」と決めてかかっての、したがって上から目線の言葉です。加えて彼はヨブの主張を正しく理解していません。そもそもヨブは「清さ」などに関心を払いません。「正しさ」こそが問題です。友人たちにはヨブのこの問題意識がまったく通じません。

ツォファルは、神は「咎の一部を忘れて下さる」と言います。神が全部を忘れては応報思想が成り立ちませんから、このように言ったのでしょうか。彼は神の憐れみを語って、神の代理人であるかのように語りますが、その不遜に気づきません。敬虔であるかのように見えて、実は不敬虔なのです。

ヨブの弁論　第3回（12・1〜14・22）

確かにあなたがたは仲間同士で、
あなたがたと一緒に知恵も死ぬだろう。
この私にも、あなたがたと同様に心がある。
私はあなたがたに劣る者ではない。
このことを弁えない人間がいるのだろうか。（12・2〜3）

私は、わが友人たちの笑い種（ぐさ）になっている。
神（エロアハ）に呼ばわって、彼の応答を得ていた人が、
「完全な義人がね」と、嘲笑の的になっている。
高慢な思いには、破滅は軽蔑の的だ、
「彼らの足がよろめいたのは当然だ」と。
荒らしまわる者たちの天幕は安寧で、
神（エル）を怒らせる者たちは安泰、
彼らを神（エロアハ）が御手で導いているのだ。（12・4～6）

そこで、あなたがたは沈黙を守って欲しい、
それがあなたがたには知恵というものだ。
あなたがたに私の論ずるところを聞いてもらいたい。
わが唇の抗弁に耳を傾けて欲しい。
あなたがたは神（エル）のためにと不義を語り、

彼のために欺瞞をも語るのか。
あなたがたは彼に取り入って、
神[エル]のために弁論するのか。
彼があなたがたの内を探ってもよいのか。
あなたがたは人を欺くように、彼をも欺こうというのか。
彼はあなたがたを必ず叱責するだろう、
たとえ密かに彼に取り入るとしても。
彼の威厳があなたがたを威嚇するはずだ。
彼の恐れがあなたがたに臨まないですむだろうか。
あなたがたの口上は灰の格言で、
その数々の答弁は粘土飾りの盾だ。（13・5〜12）

わが前では黙って欲しい、私は語りたい、
わが身に何が起ころうとも。
何のために、私はわが肉をわが歯に噛ませ、わが命をわが手に握るのか。
彼が私を殺すようなことがあっても、私は待っていられない。
彼の面前で、私はわが生き方を申し立てるのみ。（13・13～15）

ヨブは友人たちの個々の言葉ではなく、知恵を自認する姿勢を批判します。語り始めから痛烈な一撃を加えます。友人たちの「知恵」は、それが知恵だと皆で信じ込んでいるので、成り立っている願望もしくは幻想ではないのか。知恵は当然にも彼らと命運を共にするのだから、沈黙するのが諸君の知恵というものだ。そもそも諸君は私が神に向かって訴えていることを理解できない。そうなのに、神の意図が分かっているかのように私に向かって口を利く。神に気に入ってもらえるとでも思っているのかね、と。神を弁護しようとしても、主客転倒ではないのか。神を欺くのも同然だ。神が諸君の意図を探るときには、神の吟味に耐えられないだろう。諸君は神から叱責を受けることになる。ヨブの批判はこのようなものでしょう。彼らに対するヨブの危惧は、終曲において現実のものとなりました（42・7）。

ヨブは友人たちに沈黙を求めて、自分の姿勢を示します。ヨブはこれまで神の不条理を訴えてきましたが、神の面前で自分のこれまでの生き方の点検を求め、神とヨブのどちらが正しいのかを明らかにしたいと願うようになります。しかし神の前に立つのは、とてつもない危険な行為です。

私の咎と罪はどれほどあるのか、
私の罪過と罪とを私に知らせて下さい。
なぜ、あなたは御顔を隠すのか、
私をあなたの敵と見なすのか。
あなたは吹き散る木の葉を脅かし、
乾いた藁屑を追いまわすのか。
まことに、あなたは私についての苦いことを記録し、
わが若き日の諸々の咎を相続させ、
わが両足に枷をはめ、
わが路のすべてを見張り、
わが足跡に印を付けておく。
このように扱われる者は、腐りゆく者のように衰え、
衣蛾に食われた衣のようになる。（13・23〜28）

女から生まれる人間、
その日々は短くて騒動に満ち、
育っては枯れる花のよう、
逃げ去る影のようで、留まることがない。(14・1〜2)

まことに、木には望みがある、
伐られても、また芽吹き、
その若枝が尽きることはない。(14・7)

しかし、人は死ぬと無力になり、
人間は息絶えれば、どこかに消える。(14・10)

人は伏して再び起き上がらず、
天が尽き果てるまで、目を覚まさず、

眠りから覚めることがない。(14・12)

自分が正しく行動してきたという確信がヨブにはありますが、他方では、自分が気づかないさまざまな罪、咎、罪過があって、それを神が罰しているかもしれないと恐れています。友人たちからそれを言われれば反発するのに、内心ではそうかもしれないとの不安を抱えています。確かに若いときの咎の数々は否定できない。しかし、モラル感覚が確立される以前の咎も神は処罰するのだろうか。それを考えるとヨブは神が自分の非を追跡してやまないという妄念にとらわれ、自己像がどんどん哀れになります。命がけで神の前に立とうとする勇気ある益荒男ぶりが彼の自画像でした。他方、衣蛾に食われてボロボロの衣だと感ずる哀れな自己憐憫もあります(13・28)。どちらも偽りなくヨブの姿です。

ヨブは自己像の確認から離れて、「女から生まれる人間」のはかない存在に思いを馳せます。木々には再生の望みがありますが、人間は息絶えればどこかに消えます。たとえ天地の終わりの日に、つまり万物消滅の日に目を覚ましても、何の意味もありません。

どうか、あなたが私を陰府に隠し、

あなたの怒りが鎮まるまで、私を匿い、
私のために境界を定め、私を思い起こし給え。
人は死んで、また生きるだろうか、
わが苦役の日には待ち続けよう、
わが交代の時が来るまで。
呼んで下さい、私はあなたに答えよう。
あなたは御手の業に心を焦がす方、
あなたは今、私の歩みを数え上げるが、
わが罪を見張らず、
わが罪過を袋の中に封じ込め、
わが咎を塗り隠し給う。（14・13～17）

ヨブは人間のはかなさに思いを馳せ、神からの応答を得ないままに消え去るとの現実を見つめるうちに、突然、常識外れの望みを思いつきます。神によってヨブが陰府に隠され、保護されるという期待です。これは単に死後にも生があるということではありません。死者の中からヨブ一個の存在を神が「境界を定めて」、すなわち神が定めた日に、思い起こしてくださることへの希望です。神がそのように行動するのであれば、神は罪、咎をないことにはなさらないが、「袋の中に封じ込めて」しまい、差し当たっては問題にしないものと、ヨブは期待します。

4　だが、私は知っている、私を贖う者は生きたもう（15〜21章）

エリファズの弁論　第2回（15・1〜35）

賢者は風に等しい知識を持ち出すだろうか、
その腹を東風で満たしてもよいのか、
彼が無用な議論によって抗争し、
その言葉が何の役に立たなくてもよいだろうか。
その上、あなたは畏れを損なっており、
神（エル）の前での黙想を返上している。
まことに、あなたの咎があなたの口に教え込んでおり、
あなたは狡猾な者たちの舌を選択している。
あなたに罪ありと宣するのは私ではなく、あなたの口であり、

あなたの唇が、あなたに不利に証言している。（15・2〜6）

あなたは最初の人間として生まれたのか、
諸々の丘よりも前に産み出されていたのか。
あなたは神の評議（エロアハ）を傍聴し、
知恵を自分に引き寄せたのか。（15・7〜8）

人は何者なので、清くありえよう、
女から生まれる者がどうして正しいだろうか、
彼はその聖なる者たちをも信頼しないし、
彼の目には天も清くないのだから、
まして厭（いと）われる者、腐敗した者、
不義を水のように飲む者に至っては。（15・14〜16）

邪悪な者は一生、苦しみもだえ、

乱暴者には年数が保留されているだけだ。
その両耳には諸々の恐れの音が鳴り響き、
平穏な時にも略奪者が彼を襲う。（15・20〜21）

苦痛と悩みが彼を威嚇するが、
そのさまは王が戦に臨むよう。
それでも、彼は神（エル）に敵対してその手を伸べ、
全能者（シャッダイ）に向かって益荒男を気どり、
その首を固めて彼に馳せかかり、
突起付きの分厚い盾を振りかざす。
彼はその顔に脂を塗りたくり、
その腰には脂肪を帯びているが、
彼が住むのは滅ぼした町々で、
居住放棄の家々だ。
それらは廃墟となるよう定められている。（15・24〜28）

エリファズがヨブに再び反論しますが、他の二人の友人のような直情的な反論を控え、言葉遣いの批判から始めます。邪悪な人間の最後は破滅です。エリファズは彼らの中にヨブがいると揶揄します。これはなかなかの弁論で、語り口を楽しめます。語り始めの「東風」は砂漠の方から乾季の始めに吹く暑い風のことで、人々に嫌われます。ヨブは東風で腹を満たされているかのようだとエリファズは切り出します。あなたは人に嫌われ、「狡猾」、すなわち人類最初の夫婦を誘惑した蛇のように「ずる賢く」、自分で「われに罪あり」と宣言している。エリファズの言葉は痛烈です。

次いで、ヨブに知恵がないのは、知恵の源泉である神々の評議の言葉を聞いていないからだと、ヨブが最初に行った弁論の論拠を持ち出します（4・12〜21）。天上での判断では、人間は邪悪で腐敗していて、いつ処罰されても仕方のない存在です。このような「可罰的存在」には神に抗議する権限は一切ありません。神の懲らしめはそんな人間の宿命です。ところが、「益荒男」気取りの男（3・3）は精一杯の武具を身につけて神に挑戦しようと意気込む。そのコミカルな描写と、財産をすべて失う結末とはヨブの現在と将来を揶揄しています。これは、ヨブが友人たちを「あちらのワディに水あり」と空しい期待を寄せて狼狽する隊商に喩えたこと（6・14〜21）に対するお返しかもしれません。

ヨブの弁論　第4回（16・1〜17・16）

そんなことは嫌というほど聞かされた、
あなたがたは皆、災難をもたらす慰め手だ。
その言葉は風で、果てしがないではないか、
何があなたを苛立たせて、そんな応答をするのか。
私も、あなたがたのように語ってみたい、
もし、あなたがたと魂の交換ができるならば。
私はあなたがたに対して、言葉を連ね、
あなたがたに対して、わが頭を振り、
わが口によってあなたがたを力づけ、
わが唇は同情を呈するであろう。（16・2〜5）

ヨブも負けてはいられません。ヨブを慰問しに来た友人たちは、今や慰め手どころか「災難をもたらす」者として立ち現れ、自分を空しい「風」だの「東風」だのと言うが、苛立ちを隠すようにして際限もなく的外れなお説教をするあなたの方こそ風に過ぎないと、ヨブはやり返します。彼が願うの

は「魂の交換」です。ヨブの気持ちを友人たちが少しでも理解できるように、お互いの心を入れかえてみたいというわけです。「頭を振る」は相手を蔑む行為です。軽蔑の念を隠し込んだ同情を言ってみたいものと、ヨブも友人たちを揶揄して返答します。

このようにヨブは友人を退けた後、返す刀で沈黙を守る神に対して、神は自分の手下に命じて残忍な攻撃を私に仕掛けるのだと、遠慮のない非難を語ります。神はヨブのこの非難に対し、後日叱責のかたちをとって反撃します。

私が語ったところで、わが苦痛は止まず、
私が黙っても、果たしてそれが去るだろうか、
今や、それが私を困憊させている。
あなたは私の諸々の交わりを荒涼とさせ、
私を捕まえ、その者が証人となった。
わが痩せ衰えた姿が私に敵して立ち、わが顔に向かって反駁する。
私をかき裂くのは彼の怒りで、彼が私に敵対する。
彼は私に向かって歯ぎしりし、

わが敵はその目を尖らして、私を睨む。
彼らは私に向かってその口を開け、
侮辱しつつ、わが頰を打ち、
群れをなして、私に立ち向かう。
神(エル)は私を悪漢に引き渡し、
邪悪な者たちの手に、私を投げ与える。
私は平穏に生きていたが、彼は私を打ち砕き、
わが首の根を捉えて、幾度も打ちつける。
彼は私を彼の的として置き据え、
彼の射手が私を包囲し、
私の腎(むらと)を無慈悲に切り裂いて、
胆汁を地に流れ出させる。
彼はわが上に破れに破れを重ね、
勇士のように、私に向かって馳せかかる。
私はわが肌の上に粗布を縫いつけ、

わが角を塵の中に突き入れ、
わが顔は泣きはらして赤くなり、
わがまぶたの上を暗黒が覆っている。
わが両掌には暴虐がなく、
わが祈りは潔いにもかかわらず。（16・6〜17）

ヨブが長く抑えてきた妄想が、ここで遂に言葉となってほとばしります。凄まじい情景です。ヨブに対する神の無慈悲な扱いが遺憾なく言葉にされます。神は姿を隠してヨブを攻撃する。手下の射手が矢を射かけ、感情の座であり、命を支える内臓を切り裂く。攻撃を受けたヨブの破れと、死を間近に見据える嘆きが痛いほど読者に伝わります。この長い詩行はヨブ詩の特色である現実離れした描写の典型で、それが一層の迫力を生みます。

この長い詩行の六行目で、ヨブは自分の「痩せ衰えた姿」が自分に対立して、自分に罪ありとの証人となっていると語ります。法慣習を重視する思考および祈りの姿勢の潔さ（1・21）がヨブの特色です。それが次のような問題解決への希求を彼にもたらします。

大地よ、わが血を覆い隠すな、
わが叫びに休み所を用意するな。
こんな時にも、私の証人が天にいる、
私を確証してくれる者が、高いところにいる、
わが仲裁者、わが友が。
わが目は神（エロアハ）に向かってじっと見つめる。
彼が神（エロアハ）に対し、益荒男のために抗弁して欲しい、
人の子とその友の間に立って。（16・18～21）

まことに、その日が来るまではわずかで、
すぐに、私は行って帰ることなき路を行くだろう。
わが霊は破れ、わが日々は終わり、
墓地だけが私を待っている。（16・22～17・1）

私を保証する者をあなたの傍らに置きたまえ。

誰が私のために手を打ってくれようか。
あなたが彼らの心を閉ざし、賢察を奪ったからには、
彼らを高めないで欲しい。（17・3～4）

惨めな肉体が、神に対して自分が罪を犯したことの証人であるとヨブは感じていましたが（16・8）、彼はこの残忍な神にじっと目を注ぐうちに、自分が流した血が、神の扱いが不当であることを証言するのではないかと考え始めます。加えて、自分の正しさを神に対して保証してくれる者が天にいるのではないか、との思いを抱くに至ります。彼はこの天の保証者が神と自分との間を仲裁してくれることを期待しますが、神の上に立つ存在などありえませんから、言ってみただけに終わります。しかし自分と神との仲裁者に期待を寄せることは、神との和解を求めて、ヨブの姿勢がわずかに転換し始めたことの証です（この注目すべき箇所は、多様な読みが可能です。関心をお持ちの方は『ヨブ記注解』を参照ください）。不思議なことに、ヨブが神の残虐に対して徹底して告発的な言葉を述べ、わが魂、「わが霊」は破れて精根尽き果てた、と口にしたときに、事態が転換することへの期待がわずかに芽生えます。この逆説は神に対するヨブの非難が単なる恨みの言葉ではなく、神への信頼と祈りに裏打ちされた言葉であったからだと考えるほかありません。16章はヨブが神との関わりの最低地点に立ち、そ

こから神との積極的な関わりへと踏み出していく重要な箇所です。

ビルダドの弁論　第2回（18・1〜21）

いつになったら、あなたがたは多弁に終止符を打つのか。
明敏でありたまえ。そうあってこそ、われわれは語り合える。
何の理由があって、われわれは家畜同然に見なされるのか、
あなたがたの目には、われわれは愚かであるのか。
自分の怒りで自らを引き裂いている者よ、
あなたのせいで地が見棄てられ、
岩がその場所から移されるだろうか。（18・2〜4）

ヨブの弁論を聞き、プライドが傷つけられたと思ったビルダドは感情的に反発します。友人たちからは「賢察」が奪われているとヨブが批判し（17・4）、彼らが見失っている「知恵」については「獣たちに聞いてみよ」（12・7）と語ったことに反応したビルダドは、われわれは「家畜同然に見なされるのか」と抗議しています。ヨブは被造世界から知恵を聞き取ることのできる人でした。ですか

ら、神がその弁論で動物たちの生態を示されたとき（38・39～39・30）、ヨブは彼らの知恵に驚くと共に、彼らとは違う人間の独自な生き方を学びました。他方、友人たちにとっては、「地の獣」は人間の対立者で、和睦しなければ暮らせないという対立者でした（5・22）。「家畜同然」との表現からは、動物を蔑むニュアンスが感じ取れます。ヨブの神との格闘による悲惨な思いは、ビルダドには「自分の怒りで自らを引き裂いている」ようにしか見えません。また、ヨブは神の象徴である「岩」を自分の力で動かそうとする自意識過剰な人間ではないかと揶揄します。そして、応報原理を根拠とする知恵を次のように誇示します。

だが、邪悪な者たちの光は消え、
その火の焔は輝かない。
彼の天幕では光が闇になり、
その灯火も彼には消える。
彼の強力な歩みは妨げられ、
彼の計略で自ら転覆する。
まことに、彼は網にかかってその足を取られ、仕掛けの上を歩む。
網罠が彼の踵をつかまえ、
いくつもの輪罠が彼を締めつける。
彼を捕らえる綱が地に隠されており、
彼の径（こみち）の上には縄がわたされている。
諸々の脅かしが、彼を取り囲んで威嚇し、
彼の足を追跡する。
彼の精力は枯渇し、
災禍が彼の脇に差し迫っている。
彼の皮膚のいたるところが蝕まれる。
死の初子が彼の肢体に喰らいつく。
彼は頼みである天幕から引き離され、
人が彼を恐怖の王にまで引っ立てる。（18・5〜14）

これは、神が善を行う人には幸せを贈り、悪を行う人を不幸にするという信念（応報原理）の披露です。当初、友人たちは善人の幸福と悪人の不幸のどちらも主張していました（5・8〜27、8・6〜8）。しかし神に対するヨブの反抗の声を重ねて聞くうちに、ヨブは邪悪なのではないかという疑いが強くなり、この段落が典型的に示すように、悪人が陥る自業自得の不幸をもっぱら強調します。応報原理の立場からすれば、悪人はおのずと没落します。したがって、神が悪に対して行動するという確信も、そうなさらないのではないかという疑いも表舞台から退きます。最後の部分での「皮膚のいたるところが蝕まれる」との発言はヨブを揶揄しているでしょう。最終行の「恐怖の王」とは「陰府の王」のことです。これも悪人が陰府に落とされるという神話的発想による脅しの一句です。このように応報原理は人を冷酷にします。

ヨブの弁論　第5回（19・1〜29）

いつまで、あなたがたはわが魂を苦しめるのか、
言葉繁く、私を粉砕しようとするのか。
これで十度も、あなたがたは私を侮蔑し、
私に苦痛を与えたが、恥じるところがない。
確かにそうだ、私は過失を犯しもしたであろう、

しかし、私の過ちは私に仮寓する事柄である。
そうだ、もしあなたがたが私に尊大に振る舞い、
私にわが恥を教示するのであれば、
しかと知るべきだ、神（エロアハ）が私を不当に扱っており、
彼の捕獲網が私を取り囲んでいるということを。（19・2〜6）

私が「暴虐だ」と叫んでも、私には応答がない、
助けを求めても、そもそも公義が存在していない。
彼がわが行路を遮ったので、私は通行できず、
わが径に暗闇を据える。
彼はわが誉れを私から剝ぎ取り、
わが頭の冠を奪い去った。（19・7〜9）

ビルダドの冷たい言葉は、ヨブには鉄槌のように感じられたでしょう。それを彼は「侮蔑」と受け止めました。神が自分を攻撃するのは、神が「不当に」攻撃するからにほかなりません。人は誰も

「過失」（すなわちうっかりミス）を免れないのですが、それは人間の条件のようなものだと、ヨブは言います。ヨブは「モラルに関わる罪」を重視しているのです。神はこのことに関しては自分に罪がないことを知っている（10・7）とヨブは確信しています。そうであれば、自分の受苦は神が「不当に扱う」からだと考えるほかありません。

自分の扱いは「暴虐だ」と神に必死に叫んでも、神は応えてくれません。それは「公義」そのものが神から欠落しているからで、神と自分の存立基盤そのものがない。本当にそうなのだと思えてしまうところにヨブの恐怖があります。加えて、神は私の人生行路を真っ暗にし、かつての人生の栄誉も剝ぎ取っていると、彼は嘆きます。

彼はわが兄弟たちを私から遠ざけた。
わが知己でさえ、私を避けるようになった。
わが親族も、わが知り人たちも離れて行った。
彼らは私を忘れ去ったのだ、
わが家に寄寓していた者たちまでも。
私は仕え女たちには他人と見られ、

彼らの目には異人となった。
私がわが下僕を呼んでも、彼は返事をせず、
私がわが口によって彼に憐れみを乞う始末。
私の息はわが妻に嫌われ、
わが同腹の者たちにも、私は鼻つまみとなった。
小童でさえ、私を見下し、
私が立ち上がると、彼らは雑言を浴びせる。
親しかった者は皆、私を嫌悪し、
愛した人々も私に背を向けた。（19・13〜19）

わが骨はわが皮膚とわが肉に張り付き、
私は歯の皮で逃れている。
われを憐れめ、われを憐れめ、あなたがた、わが友よ、
神（エロアハ）の手が私を撃ったのだから。
なにゆえ、あなたがたは神（エル）のように私を追うのか、

わが肉で飽き足らないのか。（19・20〜22）

ヨブは屋外にいた家畜や僕たちを失いました。家にはまだ使用人たちがいますが、自分は彼らからも見下され、妻からも息が臭いと嫌われるのだと、哀れな自己像を誇張して提示します。大げさな表現は笑えますが、ヨブの孤独が伝わってきます。ヨブは言います。諸君は私の体から肉が落ち、骨と皮膚だけになっているというありさまを見て、神が罪人に下した応報の結果だと受け止めていればよいのだ。諸君はこの「わが肉（のありさま）で飽き足らないのか」と、まだ神のように私を追及するつもりかと、八つ当たりじみた言葉を語ります。

私の言葉の数々が記されればよいのだが、
もし碑に刻み込まれるならば、
鉄の筆と鉛とをもって、
永久に岩に彫り込まれるならば。
だが、私は知っている、私を贖う者は生きたもう、
しかも最後の者が塵の上に立つのだと。

わが皮膚がかく引き剝がされた後に、
わが肉を離れて、私は神を見るであろう。
私は彼をわが味方として見るであろう、
わが眼は他人ではない者として、彼を認めるであろう。
わが腎はわが内で慕い焦がれる。（19・23〜27）

次の瞬間、ヨブは自分に向き直ります。孤独の極みに置かれたヨブは、神には聴き届けられなかった自分の訴えと主張を碑に刻み、岩に刻み込んだ文字に「鉛」を流し込んで証言として永久に残しておきたいと、自意識過剰な願いを口にします。言ってはみたものの、その願いは実現できるものではありません。ヨブはやはり、神との関わりの回復を願うしかありません。そのとき、彼は突如、インスピレーションを得ました。「だが、私は知っている」と。それは私の状況は絶望的であっても、今はこう考えるしかない、という開き直りです。「私を贖う者は生きたもう、しかも最後の者が塵の上に立つのだと」。この有名な言葉は、第二イザヤの言葉「イスラエルの王なる主　イスラエルを贖う方、万軍の主」（イザヤ書44・6）から刺激を受けているでしょう。「贖う」とは、ここでは苦しみから救い出すことです。「塵」とは陰府の言い換えです。「最後の者」、すなわち法廷に最後に登場する証人としての神が、陰府の塵に向かって立ち、正義を貫く行動をなさる。それによってヨブは正しさを証明されて、陰府から救い出される。死後において、ようやくヨブは神を見ること、神と差し向かうことができる。もはや神は攻撃者ではなく、ヨブの味方となる。彼はそのことへの望みを口にします。

このヴィジョンは神と陰府とは関わりがないという当時の常識に反するもので、現実的ではありません。しかしここまで言ったヨブは、積極的に神と向かい合う方向へと舵を切ります。以後は神に向かって嘆くことをせず、神についての泣き言も口にしません。まずは友人たちとの論戦に決着をつけ、次いで神の御前に立って身の潔白を誓います。そして、無実の宣言を受ける期待へと歩を進めます。

もし、あなたがたが「どのように彼を追及しようか、
事の根源は彼の内に見つけられる」と言うなら、
恐れよ、あなたがたの目の前にある剣を。
それは剣に値する咎なのだ。
あなたがたは破壊されると知るがよい。（19・28〜29）

早速、友人たちに対する警告を語ります。ヨブの非を探して応報原理を守ろうとする彼らには神の裁きが下されると。公義に基づく応報原則は貫徹されなければなりません。

ツォファルの弁論　第2回（20・1〜29）

やはり胸騒ぎが私を立ち戻らせるのだ、
わが内に焦燥を覚えるがゆえに。
私は私を侮蔑するお説教を聞くので、
わが分別が発する霊が私に応答させる。
あなたも知っているではないか、これは昔からのこと、
彼が地上に人間を置いて以来、こうなのだということを。
まことに邪悪な者たちの歓喜は続かず、
不敬な輩の喜びはほんの一瞬に過ぎない。
彼がその高ぶりを天にまで上らせ、
その頭を雲にまで届かせても、
彼は自分の糞のように永遠に滅び、

彼を見た者たちは「一体どこに行った」と言うだろう。
彼は夢のように飛び去って見出されることなく、
夜の幻のようにかき消える。（20・2〜8）

彼の餌食にならずにすむ者は一人もいないので、
彼の財が永続することはなく、
その豊かさが満ちた時、困窮が彼に臨み、
災難が総力を挙げて彼を襲う。（20・21〜22）

ツォファルはヨブの弁論を「侮蔑するお説教」と受け取ったようです。ヨブの苦悩をまったく理解していません。そして、分別が発すると自認するお説教を分別のないヨブに浴びせます。ヨブは「荒らしまわる者たちの天幕は安寧で、神を怒らせる者たちは安泰、彼らを神が御手で導いているのだ」（12・6）と、応報原理の無効を主張したことがありました。そのようなヨブを諭すように、ツォファルは「邪悪な者たち」の繁栄は「ほんの一瞬に過ぎない」と語り、悪人たちの繁栄は速やかに消滅すると語ります。彼らの「豊かさが満ちた時」、今度は貧困に陥る。悪人は繁栄するばかりではないかという批判を念頭に置いて、それは彼らの繁栄がまだ頂点に達していないからだという言い訳を試みます。ツォファルは彼らの没落は必定という、昔からの伝統を信奉します。なぜなら、最後には「彼」、すなわち「神」が処罰者として行動するからです（24〜28節）。強がってみせる彼の言葉から、応報原理が願望に過ぎず、人がそう信じているだけであることがよく分かります。

ヨブの弁論　第6回（21・1〜34）

ぜひとも、私の言葉に耳を傾けてもらいたい。
それがあなたがたの気休めになればよい。
お許しあれ、まず私が語りたい、
あなたが嘲るのは、私の言葉の後にしてもらいたい。
私の嘆きは人間相手のものだろうか、
どうしてわが息が激してはいけないのだろうか。
私に顔を向けて驚き、
手を口に当てるがよい。（21・2〜5）

4　だが、私は知っている、私を贖う者は生きたもう

しかし私は、これに思いを馳せる度に恐怖を覚え、
わが身体がわななきに捉われる。
なにゆえ、邪悪な者たちが生きながらえ、
老年に達し、しかもその富が増すのか。
彼らは子どもたちの確かな生活を目の当たりにし、
その子孫の群れをも目に収めている。
彼らの家産は安全で恐れがなく、
神（エロアハ）の杖が彼らに臨むことはない。
彼の雄牛の種付けが無駄に終わることなく、
その雌牛の出産が失敗することもない。
彼らは童たちを羊の群れのように走らせ、
その子らは飛び跳ねる。
彼らは鼓と竪琴に合わせて声を張り上げ、
笛の音に歓喜する。
彼らは一生を幸福のうちに過ごし、

陰府には一瞬に下る。（21・6〜13）

一体、何度あっただろうか、彼が邪悪な者たちの灯火を消し、
彼らの上に災禍が臨み、
彼が怒って彼らに滅亡を割り当てたということが。
彼らが風に吹き飛ばされる藁となり、
暴風に吹きさらわれる籾殻（もみがら）のようになればよい。（21・17〜18）

ある者は満ち足りた最中に死ぬ、
平穏で、安らかに生を終える。
彼のオリーブの実は乳で満ち、
その骨の髄は潤っている。
しかし、ある者は苦しむ魂を抱きつつ、
幸福を味わうことなしに死ぬ。
そうであるのに、彼らは等しく塵に伏し、

蛆が彼らを覆う。（21・23〜26）

まことに、邪悪な者が災禍の日を免れ、
憤怒の日にも彼は導き出されるではないか。
彼に面と向かってその道を教示できる者がいるか、
彼の行ったことを繕う者がいるか。
彼は墓地に運ばれ、
彼の塚には見張りが立つ。
彼には谷間の土くれも心地よく、
人々はこぞって彼の後ろを進み、
彼の前には無数の人が行く。
どうして、あなたがたは空しく私を慰めるのか、
あなたがたの答弁は偽りのままだ。（21・30〜34）

ヨブの語り出しは丁寧ですが、自分の言うことが諸君の「気休めになればよい」などと、皮肉を効

かせます。自分の「嘆き」が理解されないことを悟ったヨブは、自分の相手は諸君ではなく神であるが、神からの応答がなく、この通り衰弱している。驚いてくださって結構、と語ります。その上で、ツォファルの悪人必滅の「幻想」に対して、悪人が子々孫々にわたり繁栄しているという「現実」を突きつけ、神が邪悪な者たちの「灯火を消すこと」はない、と断言します。彼らは精力充満のまま老いて安らかに生を終える。正しい者の人生は苦しみに満ちているのに。神の怒りの日に犠牲となるのは庶民で、邪悪な者たちは助かるのだ。彼らの埋葬も墓の管理も立派なものだ。これが現実ではないのかねと、ヨブは事実によって彼らを批判します。真の知者は人生の事実に重みを感じるでしょう。ヨブはこの事実を無視する者の「答弁は偽りのままだ」と、弁論を強く締めくくります。

5　わが息の絶えるまで、私は自己の高潔を主張する（22～28章）

エリファズの弁論　第3回（22・1～30）

一体、人が神（エル）を益することがあり得ようか。
賢明な者も自分自身を益するだけではないか。
あなたが正しいとしても、それが全能者（シャッダイ）を喜ばせるだろうか、
あなたがその歩みを全きものにしても、それで得するだろうか。
彼はあなたの畏れのゆえに、あなたを訓戒するだろうか。
彼はあなたと共に裁判に臨むだろうか。（22・2～4）

あなたの悪は多大で、
あなたの咎は際限ないではないか。

まことに、あなたは同胞から不当に質物を取り、
裸の者たちに衣を脱がせ、
衰弱した者に水を飲ませず、
飢えた者にパンを与えることを拒んだ。（22・5〜7）

あなたは寡婦たちに何も与えずに追い出し、
孤児たちの腕が打ち砕かれるようにする。
それゆえに、諸々の網罠があなたを取り囲み、
恐れが突然あなたを戦慄させる。
あるいは暗闇となって、あなたは見えなくなり、
洪水があなたを覆い尽くす。（22・9〜11）

神（エロアハ）は天の高みに在すではないか、
見よ、星々の頂がいかに高いかを。
しかし、あなたは言う、「神（エル）が何を知っているのか、

彼は暗雲の向こうから裁くであろうか、
雲が重なり彼を覆って視界が効かず、
彼は天の境を周回しているだけではないか」と。
あなたは昔からの路を守ろうとするのか、
不義の輩（やから）が踏んで来たその道を。
彼らは時至らぬ前に取り去られ、
彼らの基は奔流に押し流される。（22・12〜16）

あなたは是非、彼と協調して平安を得よ、
それで、あなたの所得はすばらしいものになる。
彼の口から教示を仰げ、
彼が語ることを心に留めよ。
あなたが全能者（シャッダイ）に向き直るなら、あなたは再建される、
あなたの天幕から不義を遠ざけよ。（22・21〜23）

誰でも無実な人は救い出され、
あなたの掌の清さによって救われる。（22・30）

ヨブが「あなたがたの答弁は偽りのままだ」（21・34）と決めつけたことによって、友人たちとの対論は終わったはずでした。ところがそれで終わっては自分たちの負けになると考えたのか、エリファズはもう一度、口を開きました。事実問題ではヨブに立ち向かえないと見たエリファズは、自己の正しさを自覚して神に訴えるということ自体が意味を持たないという方向に、批判の矛先を変えています。ヨブの信仰者としての姿勢が立派であっても、それで神が裁判に臨むわけではない（22・4）、神はヨブの正しさを宣言しないと断じて、ヨブの立つ瀬を奪う作戦に出ました。

しかしエリファズは、神に向かい合おうとするヨブの姿勢は無意味であると説いただけでは有効な批判にならないと考えてさらに一歩踏み出し、今まで口にしなかったことを断定的に語ります。彼は「ヨブのモラルに問題あり」と非難します。ヨブは実は貧者を虐げ、衰弱した者に水も飲ませない非情な人間なのだから、「恐れが突然あなたを戦慄させる」と。それはヨブに下った災いを指しているでしょう。エリファズの言葉は続きます。そもそもヨブは神が高みに在すことに畏怖を覚えていないではないか、天の高みからは地上のことが分かるものかと見くびっている。その高慢は昔から不義の輩が示してきたところだ。だが、そんな連中は人生が充実する前に滅びると。エリファズは相変わらず、悪人必滅の幻想に頼っています。

これはヨブに対する最後通牒に見えます。しかし意外にも、エリファズは最後に友情を見せます。神との和解を勧告するのです。神は彼に向き直る者を捨てたまわないので、神に対して頭を下げなさい、と。私はこれまで失礼なことを言い立てたが、それはヨブに謙虚になってほしいとの一心だったからだと言いたげです。しかし、もしヨブがこの友情に溢れた勧告に従えば、神の不当な扱いに対するこれまでのヨブの抗議は意味を失い、神の公義は重んじられなくてよいことになります。

ヨブの弁論　第7回（23・1〜24・25）

今日もまた、わが嘆きは苦々しく、
わが呻きのゆえに、わが手は重い。
どうしても知りたい、私がどこで彼に会えるかを、
彼が在すところにまで、私は行きたい、
私は彼の前に訴えを並べ、
わが唇を諸々の抗弁をもって満たしたい。

私は、彼が私に応答する諸々の言葉を知り、
彼が私に語ろうとすることの何かを理解したい。
彼は強大な力を持つので、私とまともに論争するだろうか。
それはなくても、私に気づくだけはして欲しい。
そのところで、一人のまっすぐな者が彼に応酬できれば。
私は、私を裁く者によって永久に解放されたいのだ。（23・2〜7）

しかし彼は唯一者であって、誰も彼に翻意を促せない。
彼は、おのが欲するままに行う。
まことに、彼はわが定めを完成させ、
それに類した多くの事柄が、彼の意のままである。
それゆえ、私は彼を前にして恐怖を覚え、
私が恐れるのは彼のためだと、つくづく考える。
神（エル）は私の心を怖じけさせ、
全能者（シャッダイ）は私を怯えさせる。

しかし、暗闇を前にして、私は決して沈黙しない、
闇の覆いを目前にしても。（23・13〜17）

エリファズによる批判を聞けば、ヨブも黙ってはいられません。自分が願っていることは置かれた境遇の改善などではなく、神の前に訴え出て、公正な扱いかどうかを明らかにしてもらうことで、それができれば、私は完全に苦しみから解放されると言います。しかし神は自分に気づいてくれるかどうかも分からない。しかし神は思うがままに行動する権限を持つ「唯一者」なので、私もこの神に翻弄されるかもしれないし、この神にとって、神と人間の公義はどうでもよく、関心がないかもしれない。友人諸君の主張が正しいこともあり得る。それを思うと、私は恐れ、怖じけるほかないと、一瞬、弱気に陥ります。しかし、死の闇が迫るこの時、ヨブは神の公義について沈黙しないとの決意を強めます。

なぜなのか、全能者（シャッダイ）には諸々の時が隠されていないのに、
彼を知る者たちが彼の日々を目撃できないのは。
ある者たちは地境を動かし、

家畜の群れを奪い、それを飼っている。
彼らは孤児のろばを駆り立て、
寡婦の雄牛を質に取る。
彼らは貧しい者たちを、暮らしの道から押しのける。
この地の困窮した人々は身を寄せ合って隠れている。(24・1〜4)

見よ、彼らは荒野の野ろばだ、
仕事のためには、どこにでも出て行く。
彼らは餌を探しまわる者たちで、
その子どもたちのパンのためには荒れ地にも向かう。
彼らは野で飼い葉を集め、
邪悪な葡萄畑で採り入れをする。
裸なのだ、彼らは着る物がないまま夜を過ごす、
寒さを防ぐ覆いを持たず、
山地の雨にずぶ濡れで、

避難するところがないので、岩にしがみつく。（24・5〜8）

裸で歩くのだ、彼らは着る物がないまま、
麦束を運んでも、飢えており、
石垣の間でオリーブ油を搾り出し、
葡萄桶を踏んでも、渇いている。
町からは男どもが呻き声を挙げ、
刺し貫かれた者たちの喉が助けを叫んでいる。
しかし、神（エロアハ）はおかしなこととは認めない。（24・10〜12）

友人たちは神が邪悪な者たちを裁くのだと主張しますが、神が公義を発揮するはずのその時がいつなのか、果たしてそのような時が来るのか。ヨブには納得できません。現実の社会では不正と抑圧が横行しています。友人たちは現実を見ようとしない。そこでヨブは現実を改めて提示します。外の社会では、強者たちが土地を奪い、貧者の財産を奪っています。土地を失った労働者たちの生活はひどいものです。出稼ぎ口があれば、野ろばのように荒れ地にも向かいます。労働者たちは邪悪な連中が獲得した畑の葡萄畑で働くものの、その労働条件は劣悪です。彼らには着る物がなく裸なのです。「裸」のままでいることは人間の尊厳に背きます。ノアは飲酒して裸で寝て、醜態を晒しました（創世記9・21〜23）。裸を覆って生きることは人間の身を守ること、かつ人間の尊厳を守ることです。人間が生きるための基本条件と言えるでしょう（同3・21）。労働者たちはその最低の条件を満たすことができません。雨が降れば、岩にしがみついて雨を凌ぐしかありません。彼らには飲み水がなく、葡萄を踏んで葡萄酒を作っても、それを飲むことは許されません。詩人はこの現実描写を迫力ある筆致で記します。雨が降ったからといって、岩にしがみつくことなど現実にはありえません。現実離れした表現です。だからと言って、現実感が弱まるわけではありません。むしろ逆です。古代において、ここまで労働者の側に立ち、現実に即して彼らの悲惨をリアルに描いた言語作品は他にないでしょう。ヨブ記中の白眉です。

労働者の悲惨の描写には、最後におまけがついています。男どもが悪漢に刺され呻いています。雇用者の残虐行為はそれと同じだと言いたいのでしょう。こんな残虐が行われていても、神は「おかしなこと」とは認めないと、詩人は神を告発するかのような言葉を記します。かつてヨブはサタンが下した二つの災いの後でも神に「おかしなこと」を口にしませんでした。彼は神に対して、「それは理不尽です、間違いです」と抗議しなかったのです。神は沈黙を続けています。それは、この世界には公義は存在しないし、また神は公義を守る必要がないからでしょうか。もし、神が公義を認めないのであれば、ヨブはおしまいです。これがヨブにとっての究極の問題です。

彼らこそは光に背く輩だ。
彼らは光の道を承認できないし、
その通路に留まるつもりもない。
人を殺める者は光に向かって起き出し、
困窮した人と貧しい人を殺し、
夜には盗人のようになる。
姦淫する者の目は黄昏を待ち、
誰も私だと気づいていないと思っても、
顔に覆いを着ける。
彼は暗闇の中で家々を穿ち、
昼には彼らは閉じ籠もっており、
光を知らない。

まことに、彼らには、朝は暗黒に等しい。
各自が暗黒の脅かしを承認しているからだ。（24・13〜17）

もし、この通りでないなら、今、誰でも私を偽り者とし、
私の言葉を空疎だと決めつけるがよい。（24・25）

詩人は叙述を次々に関連する事柄に移行させる「換喩」（メトニミー）の技法を至るところで用います。この段落では前段の終わりで取り上げた「刺し貫かれた者たち」を受けて、そのような暴虐を引き起こす悪漢たちの描写へと話題を展開します。彼らは「光の道」、すなわち公義が行われる社会のあり方に対する絶対的な対立者であり、「光に向かって起き出し」ます。これは「光に背を向けること」を反意的に、アイロニカルに表現しています。「呪う」ことを「祝福する」と言う場合と同じです。悪漢たちは「暗闇」に生きる人間で、闇が迫ると活動を始めるのです。彼らが闇を愛好するのと同じように、姦淫する者は黄昏を待つのだと述べて、闇を愛好する人々の世界を拡げます。これも換喩的な手法です。

悪漢たちは家の泥壁に穴を開けて侵入し、悪事を働き、侵入に気づいて抵抗する者を殺害するかも

しれません。恐ろしい闇の世界です。彼らには暗黒しかない、ということをイメージ豊かに述べる技量はなかなかのものです。とにかくヨブは社会的な現実に立脚して、応報思想の幻想に生きるエリファズの姿勢を批判します。この現実の重さを無視したままの、神との和解の勧告などは宙に浮いた言葉です。このように、ヨブは現実感覚で勝負します。

ビルダドの弁論　第3回（25・1〜3、26・5〜14、25・4〜6）

この箇所は文章の順序が乱れているため、再構成が必要です。後に28章や32章〜37章が加筆された際に元のテクストが乱されたのでしょう。私が行う再構成は仮説にとどまりますが、この順に読むと何とか意味が通じます。

支配と恐れは彼の許にあり、
彼はその高き所で平和を達成する。
誰が彼の軍勢を数えられるか、
彼の昇る光に照らされない者がいるか。（25・2〜3）

亡者たちはのたうつ、
彼らは水の下なる者、そこに住む者たちは。
彼の面前では陰府も裸で、
奈落の底も覆い隠す物がない。（26・5～6）

彼は北（の山々）を空虚の上に張り、
地を何もないところに架ける。
彼が黒雲の中に水を包み込んでも、
群雲（むらくも）の底は破れない。
彼は玉座の面を隠し、
その上にその群雲を広げ、
水の面に境界の円を描き、
暗闇に対する光の領域を定める。
天を支える諸々の柱は揺れ動き、
彼の叱責のゆえに震える。

彼はその力によって、かの海を鎮め、
その英知をもってラハブを撃ち、
彼の息によって天は清澄、
その手は逃げる蛇を刺し貫く。
これらは彼の道の端々に過ぎず、
われわれは彼の言葉の囁きを聞くのみ。
誰が彼の轟きわたる威力を明察できよう。（26・7〜14）

神（エル）の面前で、人はどうして正しくありうるだろう、
女から生まれた者がどうして清かろう。
月でさえ、輝きを失い、
星々も彼の目には清くないのだから、
まして人は蛆虫で、
人間の子は虫けらだ。（25・4〜6）

語り口がこれまでの友人たちの弁論とは違います。これらの詩行は神話的な色彩が強く、後代の加筆と見なすことは十分可能です。しかし、ヨブ記作者が書いたものであるという観点に立ち、ビルダドが神の超越的な力を神話的に強調してヨブに対抗するほかないと考え、敢えて神話的な色彩が濃厚な叙述を採用したと仮定すると、この特異な弁論を興味深く読めます。中段の詩行はマソラ本文ではヨブの発言になっていますが、ビルダドの発言だと判断します。ビルダドは神の宇宙生成への寄与に関心を寄せ、神による原始の怪物退治を語り、それは神の威力のほんの一端だと言います。神の力の大きさを語りたいのでしょう。ビルダドは最後に、神の面前では人は正しくないと主張しますが、エリファズの論点（4・17〜20、15・14〜16）を継承し、それを宇宙論的に補強します。月も星々も清くありません。結局、神以外の存在はすべて清くない、正しくないということになります。語り出しのように、天上の神のみが「支配と恐れ」の所有者であるならば、人が神に抗議するのは恐れ知らずの愚行です。ビルダドの弁論は高飛車に、神との対論を求めるヨブの願いは実現不可能、として退けようとします。

このビルダドの発想は「神がすべてであり、それ以外のものは卑小かつ穢れた存在」という宗教的な感覚を強めるでしょう。祭儀的な清浄を重視したクムラン宗団では実際にこのような感覚が支配しました。ヨブ記作者はこのような発想には批判的です。

ヨブの弁論　第8回（26・1〜4、27・1〜23）

どんなに、あなたは力のない者を助け、
無力な腕を救ってきたことだろう、
どれほど、知恵もなしに助言し、
実りを大きくする策を授けたことだろう、
誰に支えられて、あなたは言葉を出し、
誰の息吹きが、あなたから発したのだろう。（26・2〜4）

ヨブは切り返します。神の威力を語ってみせても、あなた自身の力はどうなのだ。弱者を救ったことはあるのかね。知恵のある助言ができたのか、偉そうに神の威力を語ってはいるが、本当に神自身の霊から語っているのかね、と。ヨブはそれ以上の相手をしません。多くの解釈者は26章5節以下をビルダドの弁論であると理解します。私もそれに従い、ヨブの言葉は4節までと読みます。短い段落ですが、一体、人間が神を語ることができるのか、という根本的な問題を提起しています。友人たちは自分たちに都合のよい知恵を神の知恵であると思い込みます。この危険を乗り越えさせるものが神の「息吹」（霊）です。しかしそのことは人間には祈りを通して、事後的に確信するしか方法がないでしょう。ヨブは何度も神についての期待を語りましたが、それを絶対的な確信として固定したことは一度もありません。人間による神についての知識を啓示（神の弁論）によって変革するプロセスがヨブ記というものです。ここではヨブは友人たちに対して自分の確信を表明することを試みます。

そこで、ヨブはその弁を続けて言った。

わが正当な論拠を退ける神（エル）が生きる限り、
わが魂を苦しめる全能者（シャッダイ）にかけて、
わが内に一息たりとも残る限り、
神（エロアハ）の霊がわが鼻に留まる限り、
わが唇は断じて不義を語らず、
わが舌は偽りを囁かない。
私は決してあなたがたを正しいとは認めない、
わが息の絶えるまで、私は自己の高潔を主張する。
私はわが義を固持し、取り下げることなく、わが良心がわが日々の内に落ち度を認めることはない。
わが敵は邪悪な者のようになれ、
私に立ち向かう者は不義の輩のようになれ。
一体、不敬な輩が息絶える時に、何の希望があるか、
神（エロアハ）が彼のいのちを運び去る時に。
神（エル）は彼の叫びを聞くだろうか、
苦難が彼の上に下る時に。
彼が全能者（シャッダイ）を喜びとすることがあろうか、
いつでも神（エル）に叫び求めることができようか。
私はあなたがたに神（エル）の手によって教え、
また全能者（シャッダイ）の意図するところを隠したりはしない。
あなたがたは皆、目撃したはずだ、
それなのにどうして空疎な言葉を吐き続けるのか。（27・1〜12）

ヨブは神が生きる神である限り、この神の霊によって語ることを宣言しますが、今までのところ、

神はヨブの「正当な論拠」、すなわち「公義」を顧みない神ですから、神への皮肉を込めて、ヨブは「わが正当な論拠を退ける神」、「わが魂を苦しめる全能者」にかけて「誓い」ます。ヨブは神の霊に動かされて神について語るのではなく、自分の責任において自己のモラルの正しさを強い言葉で断言します。その究極の判断基準は「良心」です。「良心」には、原文では単に「心」という言葉が使われていますが、ヨブ記では実際上、現代に通じる良心概念が形成されています。良心とは、人が神の告発と裁きを恐れるからではなく、自分が咎めを感ずるか否かによって、自分の行為を決めたり、行為について反省したりする心がまえです。詳しくは『ヨブ記注解』285頁以下の《ノート　良心》をご覧ください。

この段落の後半では、神を自分に都合のいいように歪めて語る友人たちを念頭に置きつつ、そのような「不義の輩」たちを神が没落させると宣言します。「空疎な言葉を吐き続ける」つもりかとの非難は、友人たちに対する決別宣言です。ヨブと友人たちとの対論がここで終わっていればドラマティックですが、ここには邪悪な人間たちの没落をいっそう具体的に述べる言葉（13～23節）が付加されています。ヨブが友人たちの応報原理の信念を自分の方から言ってのけたのだと理解しておきましょう。

第1回と第2回の対論ではこの後にツォファルの弁論がありましたが、第3回対論にはありません。

失われたのかもしれませんし、ヨブ記作者はあえてここで中断させて、ヨブと友人たちの対論のかみ合わないさまを表現しようとしたのかもしれません。さまざまな想像をめぐらせることができます。

知恵の所在を問う歌（28・1〜28）

ヨブと友人たちとの対論が終わったところで、第三者による批評的な「歌」が差し挟まれます。この箇所はヨブ記作者の手によるものではなく、後代の加筆でしょう。

ここまでヨブや友人たちは自分が得た「知恵」に基づいて対論を展開しました。これに対してこの歌は、知恵の超越性を主張します。人間の努力では「知恵」を見つけることはできないというのです。

まことに、銀には産出する所があり、
金には精錬する場所がある。
鉄は塵から取り出され、
岩石が溶かされて銅が出来る。
人は暗闇の極限に身を置き、
境界を隅々まで探求して、

闇と暗黒の石に及ぶ。
さすらい人からも遠くで、人は縦穴を穿つ。
彼らは人跡から見放された者たちで、
人々から隔絶し、垂れ下がって揺れ動く。
食物を出すのが大地だが、
その下方は掘り返されて火のようだ。
その岩石はラピスラズリが採れる所、
金を含む塵の凝集もそこにある。（28・1〜6）

踏み入る径は猛鳥も知らず、
鷹の目も認めることができず、
そこを誇り高き獣たちも踏むことなく、
その上を猛き獅子が通ることもない。
人は硬い岩に手を伸べて、
山々を根元から掘り返し、

岩々に幾つもの坑道を開削し、
彼の眼にあらゆる高貴なものを見つけ出す。
彼は水流の源を塞ぎ、
その隠されたものに光を当てる。（28・7〜11）

この詩では、人々は金、銀、銅、鉄という貴重な資源を求めて地中深いところにまで縦穴を伝って降り、水平坑道に移動して、採掘を行っているようです。「火のようだ」とは、岩を砕くためにまず火で熱したことを指すのでしょう。その後に水をかけて冷やし、割れ目を入れたようです。排水路も穿たれたでしょう。人は貴重なものを手に入れるために、人の目にも猛鳥の目にも留まらない、道なき道を歩むのです。猛鳥や獅子が活動するおだやかな地表と熱気に満ちた地下との対比が鮮やかです。

しかし、知恵はどこに見出されるのか、
分別の場所はどこにあるのか。
人はそれが備わるところを知らない、
生ける者たちの地には見当たらない。

深淵は言う、「それは私の中にはない」、
海も言う、「それは私の許にはない」と。（28・12〜14）

純金がそれに見合うものとして与えられることなく、
銀がその値として量られることもない。
オフィルの黄金も支払いには足らず、
高貴な紅玉髄もラピスラズリによっても不足する。
金も玻璃もそれに対抗できず、
純金の器もそれとの交換はできない。
真珠や水晶は言うに及ばず、
知恵の価値は珊瑚をも凌ぐ。
クシュの黄玉も、それに対抗できず、
混じりなき黄金も支払いに足りない。（28・15〜19）

しかし、知恵はどこに由来するのか、

分別の場所はどこにあるのか。
それは生ける者すべての目には隠され、
空の大鳥にも隠れている。
奈落の底も死も言う、
「われわれはそれを耳で伝え聞いただけだ」と。（28・20〜22）
神（エロヒム）はその道を熟知しており、
彼こそがその在り場所を知っている。
まことに、彼こそが地を極みまで見据えて、
天の下にあるものすべてを見通す。（28・23〜24）

人は貴重な鉱石を求めて地中深く探索します。人は「知恵」をも熱心に探索し、わが物としようとします。しかし「知恵」は一体、どこにあるのでしょう。人も鳥も所在を知ることができません。神だけがそれを知っています。そもそも「知恵」は神のものです。これは気宇壮大な詩です。

彼が風に重さを与え、
水を秤で量り、
雨には法を設け、
稲妻に道を与え、
なし終えてから、それを見て数え上げ、
それを確立し、究め尽くした。(28・25〜27)

この詩行は「知恵」を自然界の法のことだと理解した後代の人の加筆でしょう。自然界の法則に関心が向かうヘレニズム時代の息吹が感じられます。

そこで、彼は人に言った、
「見よ、主を畏れること、それが知恵であり、
悪から遠ざかること、それが分別である」。(28・28)

ここも後の加筆です。「知恵への道は神だけが知る」という考えに満足できなかった人が、「知恵」

を信仰者の敬虔な歩み方と見て、それを一種の「箴言」としてこの詩に後から付記したのでしょう。この悟りを徹底すれば、ヨブと友人たちの対論という「争い」は意味を失います。神に対するヨブの抗議も同様です。

この一句はヨブ記全体に対する批評と言えます。この批評が加筆されたことはヨブ記が旧約聖書に収められる上で大きな役割を果たしたのではないかと思います。そうであれば、これはヨブ記の存在意義を決する重要な加筆です。

6　ここに私の署名がある、全能者は私に答えよ（29～31章）

ヨブは27章で友人たちとの論争を打ち切りました。友人たちは彼の決別宣言を聞き、それぞれの家に帰ったことでしょう。その際、「わが正当な論拠を退ける神が生きる限り」（27・2）と語りましたので、彼はこの神に対面して、自分の正しさを宣言してもらおうと試みます。ヨブの抗議が正当であることを明らかにすることによってのみ、自らの苦難に決着がつくと考えるのです。神はヨブの問いかけに答えてくれませんので、彼は自分の方から神の御前に立って、神の判断を受け取ろうとします。神の前に進み出るには、その根本的な理由を申し述べる必要があります。29章から31章はその準備と、神に対して応答を求める最後の呼びかけです。

ヨブはこの世界において不正義が行われていることに対して、証言的な言語を用いて神を告発するような弁論をすでに行っています（24・1～8、10～12）。証言的な言語とは、証拠を重視する法廷の弁論にふさわしい語り方です。この独白は法的な精神に基づく言葉だけによって成り立っています。

二度目の独白においてヨブは、彼に対する神の関わり方が不当であるとする論拠を、もはや世界に対する神の配慮の当否に求めてはいません。ヨブという個人を神がかつて祝福していたという事実に、そしてその祝福が取り消されていると考えざるを得ない事実に、ヨブは論拠を求めます。

聖書において、祝福は神と人間の間に結ばれる契約の証であると見なされています。ですから、ヨブはこの第二回の独白において、神に特別な恩顧を求めてはいません。正義の神がご自身が結んだ契約から外れているので、正しい対応を回復してほしいと求めています。彼はその願いを29章と30章において表明します。ヨブの現在が悲惨であればあるほど、過去の日々の回想は想像力によって膨らみ、過去の栄光を顧みるほどに現在の境遇の悲惨が身に沁みます。ヨブの想像力の羽ばたきに読者は目を見開くでしょう。

31章に入ると、ヨブは神の御前に立つためにわが身の潔白を誓います。そこでもヨブの想像力は存分に発揮されます。読者は彼の気負いを楽しむことができます。最初の独白（3章）では、ヨブは死産であればよかったと気弱で消極的なことを口走っていましたが、友人たちとの対論を終えたヨブは見違えるような強い人間に変わっています。

過去の栄誉（29・1〜25）

ああ、できないものか、昔の月々にいるように、
神（エロアハ）が私を見守ってくれた日々にいるように。
あの時には、彼の灯火が私の頭上に輝き、
私は彼の光によって暗闇を歩んでいた。
わが人生の盛りの時のようであったなら、
あの時には、神（エロアハ）の親しみが私の天幕を覆っていた。
あの時には、まだ全能者（シャッダイ）が私と共にあり、
私の若者たちも私の周りにいた。
あの時には、私の歩みは凝乳に洗われ、
岩も油の流れを私の許に注ぎ出していた。（29・2〜6）

私が町の門に出て、
広場に私の座を設ける時、
若者たちは私を見て身を隠し、

老いた者たちは起立して立ち続け、
君侯たちは語るのを止め、
その掌で口を押さえ、
君主たちの声は静まり、
彼らの舌は上顎にくっついた。（29・7〜10）

まことに、耳は聞いて、私に祝福を送り、
目は目撃して、私について証言した。
それは、私が助けを叫び求める困窮した人を救い、
保護者のいない孤児を救助したからである。
滅びに瀕している者の祝福が、私に届き、
私は寡婦の心を喜びで躍らせた。
私は正義をまとったが、正義も私をまとい、
わが公正が私の衣ともターバンともなった。
私は目が見えない者の目であり、

歩けない人の足であった。
私は貧しい人々の父であり、
よそ者の訴えにも力を尽くした。
私は不義の輩の顎を砕き、
その歯牙から獲物を放させた。（29・11〜17）

ヨブは昔の月日に戻れれば、と願います。かつての富と幸せの回復を願うのではなく、神がヨブを肯定した幸せな日々を想起し、祝福されていた事実を確認するためです。悲惨な現在から回顧する昔の日々は輝かしさに溢れています。第一段落の終わりには、かつての彼の歩みは「凝乳」に洗われ、「岩」が油の流れを彼の許に流していたとあります。ヨブはメシア的な輝きを帯びます。「岩」はイスラエルを守る神を指し、神が油と凝乳を民に出すと約束されているからです（申命記32・4、13〜14）。第二段落においてヨブは威厳ある王者であり、第三段落ではメシア的な栄光と役割を身に帯びます。弱者の救出者として「正義」と「公正」をまとい（イザヤ書59・17、61・10）、それだけでなく正義がヨブをまとったのだとは、よくも言ったものです。この詩行は笑いを誘いますが、同時にヨブの神が「公正」すなわち「公義」を着てほしいという、彼の切なる気持ちを伝えます。

私は思っていた、「私はわが家族に囲まれて息絶えるだろう、
わが日数を砂のように多くしよう、
わが根は水に向かって延び広がり、
露はわが枝々に宿り、
わが誉れは私に伴いつつ更新され、
わが弓はわが手にあって新調される」と。（29・18〜20）

人々は私に耳を傾けて待ち望み、
黙って私の助言に向き合った。
私が語った後に聞き返す者はなく、
私の言葉は彼らの上に滴り落ちた。
人々は雨を待つように、私を望み、
後の雨を待つように、彼らは口を開いた。
私が彼らに微笑むと、彼らはとても信じられず、

彼らが私の顔の光を貶めることはなかった。
私は彼らの道を選び、首席を占め、
居場所を定めていたが、それは陣中の王のよう、
悲嘆する者たちを励ます者のようであった。（29・21〜25）

ヨブは自分に向きあい、かつての自己中心的な願いを吟味します。その後、町の人々に仕えた過去の日々へと思いを転じ、再び想像力の翼を思いきり拡げます。初行の「わが家族」は、ヘブライ語では「私の巣」（共同訳）と記されており、家族の換喩です。彼は途方もなく長生きしたい、社会的な栄誉も更新され続けたいと思っていましたが、その後、人々を助ける役割を担いました。彼は人々が彼の言葉を慈雨のように受け止めて満足したと回想します。「顔の光」は「神の恵み」の換喩です（詩編4・7、民数記6・25）。ヨブは「陣中の王」のように腰を据えて人々の救援に尽力しましたが、それが彼に対する神の祝福の証でした。ヨブは神が災いを受けて苦しむ自分に対してそうあってほしいと願っていることでしょう。これらの詩行はその期待を込めた回想です。自己礼賛ではありません。

現在の悲惨（30・1〜31）

しかし今は、私を嘲笑うのだ、
私より年若い者たちが。
彼らの父たちは私の蔑むところで、
わが家畜の群れの番犬たちとすら一緒にしなかった者たちだ。
彼らの手の力が私に何の役に立ったと言うのだ、
彼らには活力が消え失せていた。
彼らは欠乏と飢えによって生殖の力を失い、
乾いた地を噛んでいたのだ、
昨日は、殺伐とした荒野で。
彼らは灌木の中の塩草を引き抜き、
レダマの根を食べ物としていた。
人々は彼らを界隈から追い払い、
彼らに盗人呼ばわりの罵声を浴びせる。
彼らは谷の狭間に、

塵と岩の洞に居つき、
灌木の間で唸り、
刺草(いらくさ)の下で身を寄せ合っていた。
彼らはろくでなしで、素性の怪しい者、
里から叩き出された者たちだ。（30・1〜8）

しかし今は、この私が彼らの嘲笑歌に、
彼らの笑い種(ぐさ)になっている。
彼らは私を嫌悪して、私を遠ざけ、
私の顔に唾することを控えない。
彼が私の綱を解き、私を苦しめたので、
彼らは、わが顔の前で端綱(はづな)を投げ棄てたのだ。
右手に青二才どもが立ち上がり、
彼らはわが足を宙に舞わせ、
私に向かって、彼らの災禍の路を築く。

彼らは私が通る道を粉砕し、
わが滅亡に向けて拍車を掛ける、
助力者に頼らずにだ。
彼らは広い破れ口のように襲来し、
瓦礫の間に殺到する。
諸々の脅かしが私を攪乱(かくらん)し、
わが尊厳は風のように吹き飛び、
わが威信は雲のように流れ去った。（30・9〜15）

29章でヨブが展開した自己像は、神の祝福を受けた者、メシアのような救済者というものでした。これに対し、30章では過去と対比された現在の悲惨な姿を語ります。まず、ヨブを乱暴に扱う、成り上がりどもに対する蔑視の言葉が語られます。凄まじい侮蔑の言葉の羅列です。過去の栄光が誇張されたのに対応し、現在の悲惨な状況が虚構を用いて誇張されています。

ヨブ記が書かれたと想定されるヘレニズム時代の初期には、大きな社会変動がありました。作者が新しい支配層および彼らと結託した者たちから経済的にも社会的にも痛い目に遭わされた経験が、この箇所の背景にあるでしょう。作者の地位も尊厳も地に落とされたのではないでしょうか。屈辱感が人に詩を作らせます（詩編38編、88編）。

作者が嫌悪する連中は成り上がりです。一世代前の彼らは町に住めず、荒れ野の「レダマ」という とても食べられたものではない木の根や塩からい草を食べて餓えをしのぎ、定住民からは追い払われる放浪者でした。「昨日」までそうだったのに、今日の彼らは制御の綱を振り切った牛馬のように、町でいばり散らしています。権力と結託しているのでしょう。詩人は彼らに脅かされ、威信は地に落ちたと言います。罵倒ここに極まれりといった感じです。

しかし今は、わが魂がわが身に注ぎ出され、
わが苦悩の日々が私を捕らえている。
夜には彼が、私にのし掛かってわが骨々を穿つので、
私を噛む痛みは一時の休みもない。
彼は偉大な能力で、私の衣に姿を変え、
わが上着の襟のように、私を捕まえ、
私を泥の中に投げ込む。

私はまるで塵灰同然になる。（30・16～19）

私があなたに向かって助けを叫んでも、あなたは応答せず、
立ち尽くしても、あなたは私を見つめるだけだ。
あなたは変わって、私に対して凶暴になり、
あなたの手は強力に、私に敵対する。
あなたは私を持ち上げて風の上に乗せ、
雷鳴で私を失神させる。
まことに、私は知っている、あなたが私を死に至らせ、
生ける者すべてが向かう集いの家に帰そうとしているのを。（30・20～23）

ヨブは社会的名誉の消失への嘆きを語り終えると、もっと根本的な苦難である、神によるヨブへの攻撃に話題を転じます。前半の詩行では夜に「彼」がヨブの骨を穿つと言います。さらに「彼」がヨブの「衣に姿を変え」、「上着の襟のように」振る舞って、彼を捕まえ、「塵灰同然」に扱って泥の中に投げ込むと嘆きます。「塵灰」（文字通りには「塵と灰」）であるとのヨブの自己像は、対論の最後に

積極的な意味づけを伴って登場します（42・6）。

作者は大胆自在に自己の姿を変えてヨブを攻撃する主体を「神」と名指すことを避け、代名詞を使わずに動詞の人称変化、三人称単数形を用いて主語が神であることを示します。後半の段落ではヨブは攻撃者である神に「あなた」と呼びかけます。ひどい攻撃を仕掛ける神であっても、彼はこの神に信頼するほかありません。しかしこの神が「変わって」しまい、今はヨブに対して「凶暴になり」、「敵対する」のです。神はヨブを死者たちのもとに向かわせようとしているというのです。

確かに、人は廃墟には手を上げないだろう、
彼が災禍の中で、人々に救いを叫ぶ時には。
人々の苦難の日に、私が泣かなかったことがあろうか、
わが魂は貧しい人のために悲嘆にくれたのだ。
まことに、私は幸せを望んでいたのに、災いが来た、
切に光を待っていたのに、闇が来た。
わがはらわたは煮えくり返って鎮まらず、
わが苦悩の日々に、私は直面した。

私は陽光を受けることなく、暗い面持ちで歩き、
集会で立ち上がって助けを叫び求める。
私はジャッカルの兄弟となり、
駝鳥の仲間になった。
わが皮膚は黒ずんでわが身から剝がれ、
わが骨は暑さに焼かれ、
わが竪琴は悲しみの調べに、
わが笛は泣く者たちの声となった。（30・24〜31）

ヨブの現在の境遇が主観的に総括されています。人は「廃墟」同然となった者、「災禍」に遭っている者を攻撃しないものだ。私は攻撃しなかっただけでなく、その人たちのために泣いてきた。ところが神は私に対してそうはなさらない。「私は幸せを望んでいたのに、災いが来た」。「光」を望んだのに、神は「闇」を下した。攻撃者が神であるからこそ、私は神の仕打ちに苦悶し、日の当たる場所を歩めない。昼間から「暗い面持ちで歩き」、町の集会ではその外縁から助けを求めるが、私を理解する者はいない。私は人間のカテゴリーから外れ、異類になったままである。私の訴えは「ジャッ

カル」や「駝鳥」のような奇声としてしか人々に理解されない。私の病は依然治らず、「皮膚は黒ずみ」、その鱗屑が剝がれ落ち、暑さに身が焼かれる。私の「竪琴」も「笛」も喜びを奏でるのではなく、「泣く者」たちの声となった。

もちろん、これらの発言はヨブの主観的な自己像を描写したものですが、神と人に理解されない者の哀切極まりない孤独が言い表されています。ヨブはこの段落で神の応答を直接に求める理由を述べ、人々の「共感能力」に訴えています。人は痛い目に遭って、初めて共感能力に目覚めるものでしょう。

潔白の誓い(31・1〜40)

ヨブは神の前に出る資格を証明しなければなりません。それが本章において行う、身の「潔白の誓い」です。もしそれが偽証であれば、ヨブは重い処罰を神から受ける覚悟です。そこでヨブは、こういうことを自分がしたのであれば、神の厳しい処罰が下っても構わないと誓います。多くの箇所は、「もしこういうことをしたならば」、という誓いの定式の前半だけを述べています。以下の訳文では、違反時の覚悟を語る部分が省略されている箇所をダッシュ(——)で示しておきます。ヨブは倫理規定に違反しないというような、外面的な行為には関心を持ちません。彼は「内心」の倫理を問います。その姿勢を徹底していることにより、本章は旧約聖書において独特の存在価値を持っています。内容も極めて興味深いものです。

私は自分の目と契約を結んだ、
どうして乙女を物色することができよう。
そんなことをすれば、上なる神（エロアハ）からの割り当てはどうなるのか、
高きに在す全能者（シャッダイ）からの相続分はどうなるのか。
不義の輩には災禍が下り、
不法を行う者には災厄が臨まないだろうか。
彼こそが、私の諸々の道に目を注いでおり、
わが歩みのすべてを数えていないだろうか。（31・1〜4）

もし、私が虚偽に歩調を合わせ、
わが足が策略に向かって急ぐことがあったとしたなら、――
私は彼に公正な秤で量ってもらいたい、
神（エロアハ）に、私の高潔なことを知って欲しい。（31・5〜6）

もし、私の心が人妻に対してうっとりとなり、
わが友の戸口の傍らで待ち伏せしたことがあるなら、
私の妻が他人のために臼を挽き、
他の人々が彼女の上にかがんでもかまわない。
まことに、これは醜行で、
裁判人たちに委ねられる咎である。
まことに、それは奈落の底までなめ尽くす火であり、
私の収穫を根こそぎにしないではおかない。(31・9〜12)

ヨブはいきなり、自分と女性の関係を取り上げます。金持ちに側女がいるのが当然の時代に、ヨブは「乙女を物色する」ことをしなかったと言います。女を自分のものにしないのです。これを倫理の最初に据えるところに、ヨブの特色があります。「自分の目と契約を結んだ」という語りも独特です。自分が女に惹かれたら、それは人間的な感覚が勝手に動いたことだという笑いを用意しています。人は感覚までは抑圧できないのです。「契約を結ぶ」とは、申命記の伝統においては神とイスラエルと

の間の厳粛な契約定式ですが、ヨブはそれを最も個人的な情念についての自己規制に矮小化して用います。自分たちは神に選ばれた特別な民族だという選民的な考え方への批判が含意されているものと推測できます。

人が人妻と通ずることは庶民にもあり得る事柄です。ヨブは自分が隣人の妻を犯したなら妻が陵辱されても構わないと言って、最大の不名誉を引き受ける覚悟を表明します。そんなことはあり得ないことですからそう言ったのでしょうが、現代人はこの発言に問題を感ずるでしょう。ヨブといえども、時代の制約を免れていません。

もし、私がわが下僕と仕え女の言い分を、
彼らが私との争いを起こした時に退けたことがあったなら、
神(エル)が立ち上がる時に、私は何ができよう、
彼が検査する時に、私は何と返答できよう。
私を胎に造った方は、彼をも造った方ではないか、
われわれを腹の中で固めたのは、同じ方ではないか。（31・13〜15）

もし、私が無力な人を喜ばすことに吝かであり、
私が寡婦の目を衰弱させたことがあるなら、
また、私がパンの一片をも独り占めにして食べ、
孤児がそれを食べることがなかったなら、――
まことに彼は、わが若き日より（私を）父と見なして生育したのだ、
私はわが母の胎を離れて以来、彼女を導いたのだ。（31・16～18）

もし、私が着る物がなくて死にそうな人を見、
貧しい人が身を被うものがないのを認めた時、
彼の腰が私を祝福することがなかったなら、
わが羊による毛織物で、彼らを温めなかったとすれば、――（31・19～20）

もし、私が孤児にわが手を振り上げたことがあったなら、
私の援護者が門にいるのを見てそうしたとすれば、
私の肩の骨が、その付け根から離れ落ち、

腕の骨が、わが腕で折り砕かれてもかまわない。
まことに、私に臨む恐れは神(エル)からの災禍であり、
私は彼の威厳に圧倒されるほかはない。(31・21〜23)

これら四つの誓詞は社会的な弱者保護に具体的に言及し、保護義務を怠ったことや、彼らの権利を否認したことはないと明言します。ヨブは男女の使用人が彼に提起した法的な権利、すなわち「言い分」を軽視しません。「言い分」は「公義」「公正」と同じ言葉(ミシュパート)です。どんな人も「同じ方」によって造られているという主張は被造者の平等性の論拠となり、近代市民社会においては不可侵、不可譲である「自然権」の思想にも発展できるでしょう。これは聖書全体においても、極めて重要な発言です。

寡婦や孤児の保護は古代には王権イデオロギーに取り込まれて、王者の義務として認識されていました。ヨブは文字通りにそれを実行したと主張したいのでしょう。「パンの一片」を独り占めにしないとの言葉は魅力的です。彼は「母の胎を離れて以来」、孤児とその母とを保護し、指導してきたと大げさなことを言います。寒さに震える人を羊の毛織物でくるんだという主張も同様です。ヨブはまた、孤児の訴えを裁く時に、被告人が友人だからという理由で、孤児に不利な裁定をしないと言いま

す。富者が裁判を利用して弱者を圧迫したことに対する批判です。

もし、私が太陽の輝くのを見、
また、月が輝きを増していくのを眺め、
私の心が密かにうっとりして、
手を口に付けたことがあったなら、――
これもまた、裁判人に委ねられる咎である、
私が上なる神(エル)を裏切ったのだから。(31・26～28)

もし、私がわが敵の不運を喜び、
彼が災いに遭ったために欣喜したなら、――
私は、わが口が罪を犯すのを決して許さず、
呪いによって、彼のいのちを求めたことはない。(31・29～30)

二つの誓詞は呪術的行為を取り上げています。ヨブは、月や太陽が昇るありさまに惹かれ、「手を

口に付ける」という呪術的な行為をしなかったし、敵の命を求めるような「呪い」を行ったことはないと誓います。世界の非呪術化というイスラエルとキリスト教の精神の特色がここに表現されています。なお、敵の不幸を喜ばないという日常倫理の提示は重要です。人は他者の不幸を喜ぶことに走りがちです。

もし、わが天幕の人々がこう言わなかったなら、
「彼の肉に飽き足りない者がいるなど、ありえない」と、――
寄留者が戸外で夜を過ごしたことはなく、
わが戸口は旅する人に開かれていたのだ。（31・31〜32）

もし、私が人々のようにわが罪過を隠し、
わが胸の内に私の咎をしまい込んだことがあったなら、――
私が群がる大衆を恐れ、
一族すべての軽蔑に身震いし、
戸口に出て行かずに沈黙したことがあったなら、――（31・33〜34）

この二つの誓詞は共同体の倫理を取り上げています。一つは共同体外の人間を保護することです。もう一つは共同体内の事件に際して、一族の利益を優先させないことです。最初の段落は外部の人間の保護義務を扱います。ヨブは寄留者に豊かな食事と宿を提供してきたと回顧します。「客人法」をどの程度重んじるかは、個々人の裁量に委ねられています。客人法とは、自分の共同体の外にいる他国の人々を保護する、諸民族に共通の約束事です。ヨブはそのきまりを積極的に実践してきました。

次の段落は具体的な事情は語りませんが、彼が血縁を優先させず、一族の目を気にせず、社会的に公正であると信ずる行動を遂行してきたと主張します。血縁は、現代では社会のさまざまな党派や宗教集団に、あるいは管理機構にかたちを変えているでしょう。

私に聞いてくれる者がいれば良いのだが、
ここに私の署名がある、全能者(シャッダイ)は私に答えよ。
わが論敵たる者の書いた書状があれば、
私は必ずこれをわが肩に掛け、
わが頭に冠としてこれを被り、

わが歩みの数を、彼に告げ、
君たる者のように、彼に近づくであろう。（31・35〜37）

もし、わが畑が私を訴えて叫び、
その畝が共に泣き声を挙げたことがあったなら、
もし、その産物を対価の支払いなしに食べ、
その所有者たちの息を切らせるようなことがあったなら、
小麦の代わりに茨が生え、
大麦の代わりに毒麦が生えてもかまわない。

ヨブの言葉は完結した。（31・38〜40）

ヨブは最後の弁論で自分の高潔を宣言していました（27・2〜6）。その際、神は彼の「正当な論拠を退ける」（27・2）方だと、ヨブは口にしましたが、ここではその神に対して、自分の「無実」を明らかにしてくださることを求めます。もちろんヨブは神と対等に渡り合えるはずはないので、ヨブ

が要求するのは「訴状」の提出ではないでしょう。彼が求めるとすれば、「無実宣言」です。古代には、訴状や判決文を記すという法慣習はないので、ここでの「書状」は詩的な表現です。ヨブに咎のないことが分かれば、自分は堂々と神の御前に立つことができると胸を張ります。

最後の段落は誓詞のかたちを取っていますが、大地を搾取しなかったと主張して、周辺世界に対して、証人的な役割を期待しています。最後に、3章から始まったヨブの独白、友人たちとの対論、そして二度目の独白がこれで終了したという、後代のヨブ記の編集者の言葉が記されています。

7 ヨブよ、注意して私に聞け、沈黙せよ、私が語る（32～37章）

32～37章は後代の加筆です。ヨブ記作者より後の知識人がヨブ記を読み、神に対するヨブの抗議を不遜ととらえ、三人の友人による批判を生ぬるいと感じて6章分をヨブ記に挿入しました。加筆者は「エリフの弁論」と呼ばれる、四つの一方的なヨブに対する弁論を記し、最後に神の威光を讃える歌を置きます。エリフの弁論は熱意に溢れ、それなりに興味深いので、導入部、弁論、讃歌の一部を抜粋して取り上げます。

エリフの登場（32・1～5）

これら三人の人々は、ヨブに対する応答を止めてしまった。彼が「自分は義人である」との思い込みを貫くからである。そこで、エリフの怒りが燃え上がった。彼はラム族、ブズの人で、バラクエルの子である。彼はヨブが自分の正しさを神（エロヒム）に優先させたので、ヨブに対して彼の怒りが燃え上がった。彼の三人の友人に対しても、彼の怒りが燃え上がった。彼らがヨブに非があると示せる答えを見つけられなかったからである。しかしエリフは、ヨブに対する反論の時を待っていた。彼らが彼よりも年長で歳月を重ねていたからである。エリフは三人の人々には口にすべき答えがないのを知って、彼の怒りが燃え上がった。（32・1〜5）

エリフは「ラム族、ブズの人で、バラクエルの子」として登場します。ヨブ記作家がヨブと三人の友人が東方の人であることを示唆するのに対し、エリフの出自はイスラエル的です。「エリフ」という名前は「彼（こそ）は神である」との意味で、サムエルの曾祖父の名前です。「ラム」はダビデの祖先名の中に見られ、「ブズ」は人名「ブジ」のかたちでエゼキエルの父の名として知られ、「バラクエル」は「神は祝福する／祝福あれ」の意味です。エリフのこの登場の仕方が、原作ヨブ記とははっきり異なっています。そもそも、ヨブは異邦の人で、血統に関心がなく、父母の名前にすら言及していません。

エリフが登場する理由は二つ記されます。第一に友人たちが弁論を止めてしまったこと、第二にヨブが義人だと言い張ることです。ヨブが弁論を一方的に打ち切ったのですが、エリフは両者の弁論は無事終了したと読んでいるようです。まず、彼はヨブと友人たちに対して「怒りが燃え上がった」と記しますが、それは「終曲」で神が友人たちに「怒りが燃え上がった」（42・7）ことをなぞっています。エリフは自分が神の代理人だと自負しているのでしょう。

エリフの弁論　第1回（32・6〜33・33）

そこで、ブズの人、バラクエルの子であるエリフは応答して言った。
私は歳月において劣る者、
他方、あなたがたは老いた方々だ。
そこで、私は遠慮し、憚っていた、
私の見解をあなたがたに公にするのはどうか、と。
私は思っていた、年功が語るだろう、
歳月の積み重ねが知恵を告知できるはずだ、と。
ところが、人の中での霊が、
全能者（シャッダイ）の息が、人々に理解をもたらすのだ。
年長者が賢いわけではなく、
歳を重ねた者が公正を理解しているとは限らない。

それゆえ、私が語ろう、私に耳を傾けよ。
私もまた、自分の見解を公にしたい。（32・6〜10）

なぜ、あなたは彼に抗弁するのか、
「彼は私の言葉にどれ一つ答えない」と。
まことに、神（エル）は一つの方法で語り、
他の方法でも語るが、人がそれに気づかないだけだ。
夢で、夜の幻で、
人々が深い眠りに落ちる時、寝床でまどろむ時、
その折りに、彼は人々の耳を開き、
彼らへの警告をもって封印する。
それは彼が人間を行状から引き離して、
益荒男による高ぶりを覆い隠すため。
彼は人の魂が穴に落ちぬよう引き止めて、
その命が手槍に渡ってしまわぬようにする。（33・13〜18）

もし、天使が彼のために存在し、
千に一つ、仲介者が存在するなら、
彼は人にその正道を告げて、
彼を憐れんで言うだろう、
「穴に下ることから彼を救い出せ、
私は贖い代を見出した」と。
彼の肉は若者よりも若返り、
青年時代に立ち戻る。
彼は神(エロアハ)に祈り、彼は彼を嘉納するので、
人は彼の顔を見上げて歓声を上げるだろう。
彼は人に彼の義を返却する。
その人は、人々の前で歌って言うだろう、
「私は罪を犯し、道義を曲げたが、
彼はそれ相応にあしらわず、

わが魂を穴に赴かないよう贖い出し、
わが命は光を見ることができる」と。
まことに、これらすべてを神(エル)が行い、
二度、三度と益荒男と共に在して、
人の魂を穴から引き戻し、
命の光で照り輝くようにする。（33・23～30）

ヨブよ、注意して私に聞け、
沈黙せよ、私が語る。
もし返す言葉があるなら、返してみよ、
語ってみよ、あなたを義とすることを、私は喜ぼう。
もし返す言葉がなければ、あなたは私に聞け、
沈黙せよ、私があなたに知恵を教えよう。（33・31～33）

エリフはまず、若年の私に語らせてほしいと切り出しました。元気一杯の物言いを顧みると、書き

手は本当に若かったのではないかと思います。自分はヨブと同じく土から作られた身ではあるが、「神の霊」（33・4）が自分を生かしているので、自分の考えを語る資格があると主張します。神は夜の夢、幻で人に語りかけ、「人の魂」が「穴」、すなわち滅びである「陰府」に下ることから救い出そうとしますが、人を神に執り成してくれる「天使」、すなわち「仲介者」に出会う必要があります。ところが天使は希な存在で、出会えれば幸運です。天使は滅ぶ寸前の人が「正道」に立ち返る決意をすれば、下位の天使に対し、「贖い代」を見出したので滅びないように救い出せ、と告げるでしょう。ここでの「正道」は「公義」と同じ言葉ですが、その保持が人を救う役割を果たすものと見なされています。
ヨブと友人たちとの対論では、言葉を向ける相手の名前に言及しませんが、エリフは「ヨブ」の名を挙げます。ヨブ記の中ではエリフだけが聞き手を特定し、真剣に、自信に溢れて論戦を挑みます。

エリフの弁論　第2～4回（34・1～36・25）

それゆえ、心ある人々は私に聞け、
神（エル）が悪を行うとは、とんでもない、
全能者（シャッダイ）が不義を行うなどとは。
まことに、彼は人間の行いに応じて返報する、

その人の路にふさわしいものを彼は人に出会わせる。
確かにそうだ、神(エル)が悪を行うことなどありえない、
全能者(シャッダイ)が公正を曲げることもない。
誰が彼に地上のことを委任したのか、
誰が彼にこの全世界を統治させたのか。
もし、彼がご自身に心を向け、
その霊とその息とを自身に取り戻した時には、
すべて肉なる者は共に息絶え、
人は塵に帰って行く。(34・10〜15)

あなたは、これが公正だと考えるのか、
あなたは自分に言い聞かせる、「わが正義は神(エル)に勝る」と。
まことに、あなたは言う、「一体、私に何か益するのか、
私が罪を離れても、何の得になるのか」と。
私はその言葉をお返しする、

あなただけでなく、あなたの友人たちに対しても。（35・2〜4）

天に注意を向けて、見上げてみよ、
あなたの遙か高みの雲の群がりに目を注げ。
あなたが罪を犯したとて、彼に何かをすることになるのか、
あなたの罪過がいかに多くても、彼に何の関わりがあろうか。
たとえあなたが正しく行動しても、彼に何を与えることになろう、
彼の方も、あなたの手から何かを受け取るだろうか。
あなたの悪は、あなたのような人に関わり、
あなたの義は人間の一員に関わるだけだ。（35・5〜8）

彼は苦悩する人をその苦悩によって救い、
彼らの耳をその苦しみの中で開き、
加えて彼は、苦痛の裂け口からあなたを誘い出す、
窮地に立たなくてよい広いところへ、

あなたの食卓が美味で満ちる憩いへと。
ところが、あなたは邪悪な訴えで満たされ、
訴訟と裁判の虜になっている。（36・15〜17）

第一の段落は神が公正を曲げることなく世界を統治すること、全生物を生かす息を吹き込む方であり、神が息を引き上げれば万物が息絶えることを語り、神の超越性を強調します。したがって、次の段落が語るように、エリフの神は人間の正義観からも超越しています。人が正しく行動することも、罪を犯すことも神には関係ありません。ここでエリフは神の「公義」を問うヨブの姿勢とは真っ向から対立します。悪も義も神に無関係だとの主張は「神絶対主義」もしくは「敬虔主義」、あるいは「理知主義」の落とし穴で、神と人間との人格的な応答関係において神を理解する聖書的な感覚とは相容れないでしょう。最後の段落は、そのことと関連して、人間の「苦難はそれ自体が救いだ」という見方を導き出しています。立派な言葉ですが、苦難の当事者はどう思うでしょうか。

神の威光を讃える歌（36・26〜37・24）

見よ、神（エル）は至高で、人は知りえず、

彼の年数は究めることができない。
まことに、彼は水の滴りを引き上げ、
雨を蒸留して水流となし、
雨を群雲から滴らせ、
無数の人間の上に注ぎ出す。
人は理解できるだろうか、雲の広がりを、
彼の天幕からの轟きを。
彼はその光をご自身の周りに広げ、
海の諸々の源を被う。
まことに、彼はそれらをもって諸国民を裁き、
食物を豊富に与える。
彼は閃光を両掌で覆い、
それに命じて標的にぶつける。
彼は雷鳴によって彼の何たるかを告げ知らせ、
不義に対しては怒りを燃え立たせる。（36・26〜33）

今、誰にも光が見えなくても、
群雲の中には輝きがあり、
風が吹き渡れば、それらを掃き清める。
北からは黄金の光が射し込み、
恐るべき威光が神（エロアハ）から現れ出る。
全能者（シャッダイ）は、われわれが見出すことができない方、
力と公正において卓越し、
義に満ちて、貶めることのない方。
それゆえに、人々は彼を畏れる。
彼は心に知恵ありと自認する者を一人も顧みない。（37・21〜24）

以上のような見方からは、神は人間には「不可知である」という結論が導かれやすいでしょう。それは雨ができるメカニズムを人が知りえないのと同様です。この箇所に刺激を受け、中世の聖書解釈者は「自然法則」と「摂理」が不可分の関係にあると理解しました。雷鳴と雷光は不義に対す

る神の怒り、および「威光」の表明と理解されています。しかし、エリフの弁論は「義」「不義」「力と公正」がどのようなものであるか、説明しません。

それでも、神への無条件の服従を強調するエリフの弁論がヨブ記の一部であることは、28章の加筆と同様に、ヨブ記が旧約聖書に収められる上で役立ったことでしょう。ヨブ記はもともと多くの声が響きあう書物です。後代の加筆はヨブ記をさらに多声的な書物にしたと言えます。ヨブ記を読むことは、この多様な声に耳をすませることです。

8　あなたに何と返答できましょう（38章1節～40章5節）

神の弁論とヨブの応答をどう読むか

沈黙を守る神に対して、ヨブは直接応答を迫るために「潔白の誓い」（31章）を立てました。神が応答することはないと、覚悟を決めていたことでしょう。ところが神は意表を突いて、嵐の中からヨブに顕現します。もちろん神はその姿を見せませんが、ヨブの視野に立ってくださり、被造世界をパノラマのようにヨブの目前に展開します。応答とは、相手の視線に身を置いて言葉を発することです。ヨブは神のこの姿勢に感動し、また神の被造世界を見て、「私の眼はあなたを見ました」（42・5）と、最後に神を賛美します。

神の応答はヨブの立場をまったく無視するものです。神による第一回弁論はヨブが神に応答を迫ったことに対する反応ですが、神はヨブの問いにはまったく答えることなく、創造者の立場から、被造者としてのヨブが知るよしもない創造世界の秘密について、彼の知識を問う質問を厳しい口調で次々に繰り出します。ヨブはこれまで人事の次元について発言をしてきましたが、神は創造の次元について発言します。

そうであれば、両者の発言はまったくのすれ違いに終わるのでしょうか。そうではありません。苦難を受けたヨブがまず願ったのは、神が創造の業を取り消すことでした（3章）。これは創造者に対する被造者の挑戦です。創造の業についての神の発言を聞いて、ヨブは被造者としての自分の立ち位置を確認し、彼が発した世界における公義の問題、すなわち人事の問題への回答を間接的なかたちで読み取りました。

読者がどのように「神の弁論」を受け止めるかによって、ヨブ記の理解は大きく変わります。たとえば、「神の弁論」について、神はヨブに問い詰められたので、奥の手を使い、創造者の立場から被造者を追い詰めたのだ、と読み取る人々がいます。心理学者のユングがその例です。このような読み取りは、自分を神の立場に置くものではないでしょうか。「ヨブの弁論」を簡単に理解することはできません。読者は格闘を強いられますが、それだけの実りを得ます。何よりもここでは神のユーモアを楽しむことができます。

創造者の知恵を語ってみよ（38・1〜41）

そこで主（ヤハウェ）は、嵐の中からヨブに応答して言った。
一体何者か、経綸を暗くするとは、
無知の言葉を連ねて。
あなたは益荒男らしく腰に帯を締めよ。
わたしはあなたに尋ねる、わたしに答えよ。（38・1〜3）

あなたはどこにいたのか、私が地の基礎を据えた時。
語ってみよ、あなたが分別を身につけているなら、
あなたが知っているなら、誰が地の寸法を決めたかを、
誰が地の上に測り縄を張ったかを、
地の土台はどんなところの上に沈められたかを、
誰が基石を据えたかを。
その時には、朝の星々は共に喜び歌い、
神（エロヒム）の子らはこぞって歓声を挙げていた。（38・4〜7）

誰が海の扉を閉じたのか、
海がその胎から迸り出た時、
わたしが黒雲をその衣とし、
暗雲をその巻き布とし、
わたしがそのためにわが境を破った時、
貫木と扉を設けて、
わたしは言った、「ここまでは来てよいが、越えてはならない、
お前の波の高ぶりはそこ止まりだ」。（38・8〜11）

あなたは生まれてこのかた朝に命じ、
曙にその持ち場を指示したことがあるか、
地の縁を摑んで、
そこから邪悪な者たちを振り落とすために。
それは封印を押された粘土のように変わり、

彼らは衣を着た姿で立ちすくむ。
それらの光は邪悪な者たちから取り去られ、
振り上げられた腕は折り砕かれる。(38・12〜15)

ヨブは財産と子どもたちを失ったとき、彼の神である「主(ヤハウェ)」を拝して、「主が与え、主が取り去りたもう、主の名は賞め讃えられよ」と信仰を表明しました。「主」が彼の神でした。しかし、その後のヨブの「独白」(3章)以降、「主」の名は消えました。親しかったヨブの神は遠ざかったでしょう。ところが神の姿勢の転換を記す「語り手」は、導入句でヨブに向けて語り出すこの方を「主」と記します。神は沈黙している時にもヨブにとっての「主」なのです。

この主にとって、ヨブは「経綸を暗くする者」です。「経綸」は統治を意味する言葉です。開口一番、神はヨブを批判します。ヨブは被造世界の統治について暗愚である、というのです。以下の神の語りは、当時考えられていた世界創造に関する理解を用いてなされます。第二段落は、神が創造の最初に大地の基礎を据えた作業をヨブが目撃し、その仔細を知っているのかと問い詰めます。大地が創造されると「朝の星々」、金星と水星が喜び歌ったのです。大地の創造が宇宙の祝福を受けたことを語ります。それはヨブが最初の独白(3章)で、誕生の日を呪い、被造世界の創造の取り消しを願ったことを意識した発言でしょう。「神の弁論」は全体として、ヨブの最初の「独白」に対する神の応答です。

第三段落は世界創成に関する古い伝承を利用しています。ノアの洪水のように、創造世界を覆って地上を滅ぼすような大水が、ここでは「海」と呼ばれています。創造者はその「海」を閉じ込め、氾濫を起こさないように扉と貫木を付けて制御します。それを知っているか、と主はヨブに問います。

第四段落は神が夜明けと共に救いの業を行うという信仰者の期待（詩編46・6）を背景にしているでしょう。ここではそれが詩的なイメージで述べられます。「朝」は神に命じられて、大地の縁をカーペットのように摑み、夜に悪事を働いた者たちを振り落とします。彼らは闇の存在で、曙の光に照らされ、粘土に押した印章のように盗人である姿を晒しますが、光の世界から除去されるだけですから、夜にはまた、闇が支配する地表に這い上がってくるでしょう。神は地表での悪事を悪と認めていますが、彼らを絶滅することはありません。なぜでしょうか。悪に対抗する責任が人間にあるからです。もし、神が人間の悪事に直接介入するならば、人間の自由はなくなります。人がこの世における不正と悪事の横行を神の責任だとする非難は、人間の自滅を招きます。応報の正義の実現を妨げるのは人間です。この段落とセットになる後述の「神の弁論と挑戦　第2回」（40・6～14）をも参照してください。この詩文は早朝の光景を語るだけですが、ヨブはこのことを読み取ったはずです。

あなたは海の源まで入ったことがあるか、
深淵の奥底を歩いたことがあるか。
死の数々の門があなたに開かれたか、
暗黒の数々の門をあなたは見たか。
地の広がりをあなたは認識したか、
もしそのすべてを知っているなら、語ってみよ。(38・16〜18)

光の住むところへの道はどこか、
暗黒はどこにその場所があるか。
あなたはそれらをその境界に連れて行けることだろう、
その家に至る通路を認識しているのであれば。
あなたは知っていて当然だ、その時には生まれていたし、
あなたの日数は多いのだから。(38・19〜21)

あなたは雪の倉に入ったことがあるか、
雹の倉を見たことがあるか、
わたしはそれを苦痛の時のために、
争いと戦いの日のために取り置きしている。
光が分割されて進む道はどこか、
東風が地上を吹き散る道はどこか。（38・22〜24）

誰が洪水のために水路を開き、
稲光に道を与えたのか。
それは無人の地に雨を降らせ、
人影のない荒野にも雨を落とし、
殺伐とした荒野に潤いを与え、
乾いた地から青草を萌え出させるのか。（38・25〜27）

雨に父がいるだろうか、

また誰が露のしずくを生むのだろうか。
氷は誰の胎から生まれるのか、
天の霜は誰が生んだのか。
水は姿を隠して石のようになり、
深淵の面も凝固する。（38・28〜30）

人には行けない世界があります。最初の段落は、ヨブが陰府（死者の国）である「海の源」、「深淵の奥底」を歩き、死者がくぐる「数々の門」を見たかと問い、続く段落は一転、天上での「光」と「暗黒」の境界を知っているかと問います。創造とレビヤタン（3・8）に言及したヨブは、その時には生まれていたはずだと神が皮肉ります。第三段落から気象の領域に入り、まず天上の「雪の倉」と「雹の倉」を取り上げます。神は雹を戦いの武器とし、自然界を用いてそれを投げつけ、敵に「苦痛」を与えると考えられていました（ヨシュア記10・11など）。「光」には天上から進む「道」があり、草を枯らす熱気である「東風」にも通路があるはずです。ヨブはそれを知っているかと、神は問います。

第四段落では「雨」を取り上げます。地に豊饒をもたらす雷雨の水路を問い、「荒野」に降って草を生えさせる理由を聞きます。降雨は不平等なのです。豊饒に関する人間中心的な発想が批判されています。雲は必ずしも雨を降らせません。では雨の「父」はどこに、また作物に有用な「露」はどこから、水を「氷」にするのは誰か、と問いは続き、氷になれば水は硬くなるが、事情は「深淵」でも同じだとの指摘がなされます。そのような神の設計をヨブは知るはずがありません。ヨブ詩人の時代には、知識人は自然界の不思議について関心を持ち始め、人間の知の限界をも認識しています。

あなたはプレイアデスを鎖で結び、
オリオンの綱を外せるか。
ヒアデスをその時に引き出し、
またアルデバランとその子らを一緒に導けるか。
あなたは天の諸々の法則を知っているか、
その規則書を地上で実施できるか。（38・31〜33）
あなたは雲にまであなたの声を届かせて、
大水があなたを覆うようにできるだろうか。

あなたは稲妻たちを派遣し、
彼らが「ここにおります」とあなたに答えるだろうか。
誰が鴇(とき)に知恵を与え、
雄鶏に分別を授けたのか。
誰が知恵によって雲の群がりを広げ、
天の水瓶を傾けることができるだろうか、
塵が注ぎ出されて形をなし、
塊が互いに結びつく時に。(38・34～38)

考察は深淵から天体に飛躍します。牡牛座のプレイアデス、ヒアデス、アルデバラン、「その子ら」(その付近の星々)が取り上げられます。プレイアデスは春の雨に関わり、親しまれていたようです。乾季の始まりを告げるオリオンの運行を「縛る」、すなわち阻害するならば、秋の雨の到来を止めることになります。そんなことをヨブができるはずもありません。この段落は旧約中ではめずらしく、特定の星座に具体的に言及しています。第二段落は、まず天上に声を届けて、貯えてある「大水」を都合よく引き出し、雨として降らせることができるかとの問いです。「鴇」はナイルの水位について、

「雄鶏」は雨について予知能力を持つと考えられています。「水瓶」は雲の換喩です。雨が降れば、乾ききった大地の細かな土が湿り、適度な塊となります。ヨブの知恵は鳥たちに遠く及びません。

あなたは雌獅子のために獲物を狩り、
若獅子たちの食欲を満たすことができるか、
彼らがその巣穴で屈み、
藪の中に潜んで待ち伏せしている時に。（38・39〜40）

誰が烏にその餌を備えるのか、
その子らが神（エル）に向かって叫び、
食べ物がなくてさまよう時に。（38・41）

視線は天上から地上の野生動物たちに向けられます。家畜と違い野生動物はヨブが自由にできないし、知ることもできない「外部世界」です。人間の活動は獅子たちの活動領域を狭めています。人間には獅子たちのために獲物を狩る力はありません。しかし神は彼らが生き延びるため獲物を確保することに関心を抱いています。「烏」についても同様です。これらは次章と同様、現代性を持った問題提起です。

あなたは野生動物の生態に通じているか（39・1〜30）

あなたは岩山羊が子を産む時を知っているか、
雌鹿のお産を見守ったことがあるか。
あなたは彼女たちの月が満ちるのを数え、
出産の時を知ることができるか。
彼女たちは屈んで子らを産み落とし、
彼女たちの胎の実りを放り出す。
その子らは強くなって野で育つと、
彼らは出ていって、居たところに帰らない。（39・1〜4）

誰が野ろばに自由を与えたか、
野生のろばの繋ぎを解いたか。

わたしは彼の住処を荒野とし、
その生息地を塩地に決めたのだ。
彼は町の喧噪を嘲笑い、
御者が声を張り上げても耳を貸さず、
彼は餌場の山々を見回り、
青草をくまなく探し求める。（39・5〜8）

野牛が喜んであなたに仕えようとするか、
彼があなたの飼い葉桶の傍らで夜を過ごすであろうか。
あなたは野牛に綱を付けて畝に引き出せようか、
あなたの後ろについて谷間の地を鋤で耕すであろうか。
彼の力が強いので、あなたは彼に頼り、
あなたの労働を彼に委ねることができるか。
あなたは信じるのか、彼が戻って来て、
あなたの穀粒を打ち場で集めるのだ、と。（39・9〜12）

駝鳥は喜び勇んで羽を振るが、
優雅な羽ばたきと羽を備えているか。
彼女は地に幾つもの卵を産み棄て、
土の中でそれが温まるにまかせ、
それが脚に踏まれることは念頭になく、
野の獣に踏み潰されることも忘れている。
彼女はその子らが自分の子でないようにつらく当たり、
その苦労が水の泡になることへの恐れがない。
まことに、神(エロアハ)は知恵を彼女に忘れさせ、
分別を割り当てなかったのである。
しかし彼女が高々と羽を広げる時には、
馬とその乗り手とを尻目にする。(39・13〜18)

あなたは馬に威力を与え、

その首を雷で装い、
蝗のように跳ねさせることができるか。
その鼻息の威光は恐ろしい。
彼らは谷間の土を蹴って、力に喜びを覚え、
走り出て武器に立ち向かい、
恐怖を嘲笑って怖じけることなく、
剣を前にしても引き返さず、
彼の上で矢筒が音を立て、
槍と投げ槍とがきらめき、
激震と騒動の時、彼は地を呑み込み、
彼がラッパの音に立ち止まることはなく、
ラッパが鳴る度にヒヒーンといななき、
遠くから戦いを嗅ぎつける、
隊長の怒号と鬨の声とを。（39・19〜25）

鷹はあなたの知力で舞い上がるのか、
その翼を南に向けて広げる時に。
鷲はあなたが命ずるので天翔けり、
その巣を高みに架けるのであろうか。
彼は岩に住み着いて、夜を過ごす、
尖った岩、砦の上で、
そこから獲物を探し求め、
その目は遠くから見定め、
その雛たちは血をすする。
殺されたもののところには彼もいる。(39・26〜30)

前章の終わりから詩は野生動物の世界に入り、いよいよ叙述が昂揚します。詩人は明らかに喜びをもって動物たちの生態を描いています。詩的な表現においては想像力が存分に駆使されていますので、ここでの描写は十分に鑑賞に値します。彼らの生態の叙述は岩山羊と鹿から始まりますが、彼らはこの地では後に絶えました。「岩山羊」は切り立った岩場を登る能力があり、猛獣をも人をも寄せ付けません。「鹿」は聖書時代には三種いましたが、生き残ったのはノロシカのみです。鹿は素早い動き、美しさ、愛の喚起力のゆえに親しまれていました（イザヤ書35・6、創世記49・21、雅歌2・7ほか）。人が彼らの出産を目にすることはなく、子らは逞しく育ちますが、その知恵を人は知りません。

「野ろば」は二種いましたが、これも絶えました。今日ではアジアノロバがイスラエル南部の野生動物保護区に放たれています。彼らは詩人の時代には荒れ地で生息していたでしょう。そのことを詩人は人間の支配からの自由の享受だと評価します。一方、貧者は家族を養うために職場を求めて、野ろばのように飛び回ります。詩人はそれを人間の自由とプライドの喪失だと見ています（24・5）。

「野牛」は家畜化された牛の先祖です。長い角を持ち、その力は神の救いを象徴していました（申命記33・17ほか）。彼らは自尊心が強く、人間の馴致を撥ねつけました。

「駝鳥」はシリアからアラビア半島の付け根あたりに生息していました。アフリカの駝鳥よりは少し小ぶりでしたが、彼らの特徴は十分に見られました。危険な動物を振り切る疾走時の羽ばたきは優雅ではなくとも、見事です。駝鳥は抱卵中に危機が迫れば、巣を離れて攻撃者の目をそらせる行動をします。詩人はそれを卵の放置と早合点しています。駝鳥の孵化とその後の成育を自然界の知恵に委ねるとは、楽しい見方です。

「馬」は北方民族のもので、王国時代に輸入されて軍事用に使われました。ここでは馭者の影はまったくなく、馬は野生動物扱いです。詩人によれば、戦場に赴くのは馬の自主的な判断です。戦と聞いて勇躍する馬の描写は実に秀逸です。たてがみをなびかせる馬の首は「雷」で装われ、戦場で力が発揮される様子を象徴します。馬は自ら戦に馳せ参じ、「恐怖を嘲笑って怖じけることなく」、激突の騒乱をものともせず、「地を呑み込む」と絶賛されています。叙述には喜びとユーモアに溢れています。

「鷲」と「鷹」の区別は大小の差に過ぎません。まず、自分の知力で南に季節移動する鷹の一種（多分、ハイタカ）に、次いで岩山の頂付近に巣を造り、捕食動物を見定める「鷲」（多分、オオタカ）に言及します。小動物が彼らの雛たちの餌にされます。その光景はゾッとします。「殺されたもの」は直訳すれば「刺し貫かれた者」です。これは戦死者に使われる言葉です。詩人は自然界を描いた最終段落において、人間の世界においては鷲鷹同様の弱肉強食が行われてよいのかと読者に問うているのでしょう。

神の応答要求　第1回（40・1〜2）

そこで主(ヤハウェ)は、ヨブに応答して言った。
全能者(シャッダイ)と争う者は彼を諫めるつもりか、

神(エロアハ)を訓戒する者はこれに答えよ。（40・1〜2）

神は長い第一回の弁論で、数多くの問いをヨブに突きつけ、それに答えよと迫りました。しかし個々の問いにヨブが答えられないことを神は承知していますし、それへの答えを期待しているわけでもありません。神には根本的な問いがあります。ヨブは創造世界の意味も現実も知らずに神に対して応答を迫っていますが、神を「諫め」、「訓戒」するものだと自覚しているのか、という問いがそれです。神の弁論の意図が、ここでのたった二詩行に凝縮されています。

ヨブの応答　第1回（40・3〜5）

そこでヨブは、主(ヤハウェ)に応答して言った。
まことに、私は小さい者です、あなたに何と返答できましょう、
私はわが手を口に置くだけです。
私は一度語りましたが、答えることはできません。
二度語りましたが、これ以上は申せません。（40・3〜5）

世の多くの知識人は、神は創造主として伝家の宝刀を引き抜き、被造者ヨブを力ずくで圧倒したことに対して、ヨブは「自分は創造者ではない小さな存在なので、お答えできません」と、皮肉な答えを返したと受け止めます。「身を巧みにかわした返事だ」と思えば、そうも読めます。しかし「小さい」とは「軽い」という意味の動詞で、その強意形「軽くする」は「呪う」という意味で使われますから、「小さい」との言葉は、おそらくヨブがかつて生まれた日を呪ったこと（3・1）を示唆します。ヨブは自分の行為を反省しています。「一度語り」、「二度語った」とは何度も語ったという意味です。彼は神への抗議に多くの言葉を費やしました。今度はここで、ヨブ一人に対して長く語ってくださった彼の神に、最小限の、しかし本質を言い表す言葉を用いて、自分の非を間接的な表現で語っています。ヨブは神の長広舌にちょっと肩すかしを仕掛けています。彼は問い詰められてもユーモアを失いません。

9　私は塵灰であることについて考え直します（40章6節〜42章6節）

重要な事柄をくり返し叙述するのがヨブ記の特色です。サタンはヨブに二度の災いを下し、その都度、ヨブは自分の信仰を告白します。ヨブの独白も二度なされます。神の弁論も二度なされ、ヨブも二度応答します。いずれも一度目より二度目の方が強烈です。神の二度目の弁論では、原始の怪獣が二度も登場します。まずはベヘモット、次いでこれぞ真打ちといえるレビヤタンです。その後にヨブが神に向かって二度目の告白をして、ヨブの独白（3章）に始まった詩文に幕が下ろされます。

神の弁論と挑戦　第2回（40・6〜14）

そこで主（ヤハウェ）は嵐の中から、ヨブに応答して言った。

あなたは益荒男らしく腰に帯を締めよ。

わたしはあなたに尋ねる、わたしに答えよ。

一体、あなたはわが統治権を粉砕して、
わたしを非とし、自分は正しいと主張するのか。（40・6〜8）

本当に、あなたは神（エル）のような腕を持っているか、
彼のようにその声を轟き渡らせることができるか。
あなたは高揚と高遠とを身に飾り
威光と光輝を着てみたらどうだ。
あなたの怒りの激情を迸らせて、
高慢な者を見たら、これをすべて低頭させ、
高慢な者を見たら、これをすべて屈ませ、
邪悪な者たちをそのところで押し潰せ。
彼らすべてを一括して塵の中に埋め、
彼らの顔を地下牢に繋ぎ止めよ。
されば、わたしもあなたを賞讃する、
あなたの右の手が、あなたを勝利させたからだ。（40・9〜14）

直前にヨブの第一回の応答がありましたが、神はそれがなかったかのように再びヨブに挑戦します。第一回の挑戦は「ヨブが神を諌め、訓戒するつもりか」という趣旨の詰問でしたが、今度はヨブが「わが統治権を粉砕して、わたしを非とし、自分は正しいと主張するのか」と、より強い言葉で批判します。「統治権」と訳した言葉は、ヨブが最初から問題にしてきた「ミシュパート」(公義、公正)です。この語は語義が広く、文脈によって「裁判」や、裁判に訴えることのできる「権利」をも意味します。ここでは第一回の神の弁論が語る「宇宙の統治」が考慮されているので、拙訳は「統治権」という訳語を当てています。「わたしを非とする」は字義通りには「私が悪いとする」、統治に失敗している、ということです。そこで神は、あなたはいったい神を指弾して、自分は正しいと思っているのか、とヨブを詰問します。

後半の段落は宇宙的な広がりの中でヨブが力を発揮できるかを問うていますが、「高慢な者たち」を押し潰せるかと問うことで、神が彼らの活動を黙認してはいないことを間接に語っています。神は応報の正義を是認し、世における不正や暴虐に無関心ではいませんが、この世のことは人間に委ねています。「曙」が「邪悪な者たち」を地の表から振り落とすという段落(38・12~15)以上にこの段落は悪の除去が人間の責任であることを示唆しています。

とくと見よ、ベヘモットを（40・15～24）

創世記1章を読んだ人であれば、世界を秩序づけた神の創造という行為に敵対者がいたとは考えないでしょう。しかし、イスラエル民族において一般的であった理解によれば、創造による世界の秩序づけに逆らう原始の怪獣が存在して創造を脅かすので、ヤハウェが彼らを平定したと考えられていました。この考え方は古代オリエント世界に広く見られるものです。原始の怪獣はさまざまな呼ばれ方をしていますが、ここで神がヨブに見せたベヘモットとレビヤタンがそれに当たります。神は彼らを持ち出して、ヨブの非力を際立たせます。

とくと見よ、ベヘモットを、わたしがあなたと共に造ったもの、
雄牛のように草を食むものを。
とくと見よ、彼の腰の力を、
その腹の筋力を。
その尾はレバノン杉のように垂れ下がり、
その股の腱は絡み合う。

その骨格は青銅の管であり、
その肢体は鉄の棒だ。
彼は神(エル)の制作の第一のものだ。
彼の創造者は、彼に剣を引き付けさせた。（40・15〜19）

まことに、山々は彼のために産物を持ち来たり、
野のすべての獣はかしこで笑いさざめく。
彼は刺の灌木の下に伏し、
沼の葦の中に隠れている。
灌木はこれを覆って陰を作り、
川柳がこれを囲む。
たとえ、川が押し寄せても彼は慌てず、
ヨルダンがその口に殺到しても平然としている。
その両の目を押さえて彼を捕獲できるか、
制御棒を鼻に刺し貫けるか。（40・20〜24）

ここではベヘモットが描写されます。詩人はこれをナイル川のカバをモデルにして造形していますが、自然界の動物を超えた怪獣に仕立てます。ベヘモットは神の支配に服しているので、勝手に力を振るうことはありませんが、神が制御しなければ、創造を脅かすような破壊力を発揮すると想定されています。「創造者は、彼に剣を引き付けさせた」からです。彼が剣を勝手に振るうことのないようにと、彼の剣を引き付けさせているのでしょう。しかし神が許可すれば、ベヘモットはいつでも剣を振るえるように身構えている、とも理解できます。ベヘモットと戦うのは恐ろしいことです。ヨブにそれができるか、と神は最後に語りかけます。しかし、怪力無双で精力充満（「尾が垂れ下がっている」は婉曲的で反意的な表現）の恐ろしい怪獣は、今は生物世界に君臨する者として、野生動物たちから慕われていると説明されています。ユーモラスな叙述です。

レビヤタンを魚鉤で引きずり出せるか（40・25〜41・26）
　あなたはレビヤタンを魚鉤で引きずり出せるか、
　綱でその舌を押さえることができるか、
　紐でその鼻を押さえ、

その顎に鉤を突き通せるか。
彼があなたにしきりに嘆願し、
あなたに穏やかな言葉で語るだろうか。
彼はあなたと契約を結び、
あなたが彼を終身奴隷とできるだろうか。
あなたは小鳥に対するように彼と戯れ、
あなたの小娘たちのために、彼を結わえておけるだろうか。
仲買人たちが彼について取り引きし、
商人たちの間で彼を切り売りできるだろうか。
あなたは彼の皮を簎(やす)で満たし、
その頭に魚の銛(もり)を突き立てられるか。（40・25〜31）

あなたの手を、彼の上に置いてみよ、
戦いを記憶せよ、繰り返してはならない。
彼に望みを置いても、人は裏切られ、

彼を一目見ただけで、平伏するだろう。
彼を目覚めさせるほどの向こう見ずはいない。
まして、このわたしの面前に誰が立つことができよう、
誰でもわたしに対決するなら、わたしはお返しする。
天が下のすべては、わたしのものである。（40・32～41・3）

わが言葉は止まらない、彼の体軀について、
彼の威力の横溢と彼の装備の見事さについては。
誰が彼の外装を剝ぎ取り、
その一対の銜（はみ）の間に入れるか。
その顔の戸を誰がこじ開けられるか、
その歯並びを恐怖が取り巻いている。
誇りは盾の隊列、
固く閉ざす紋章。
それらは互いに密接して、

9　私は塵灰であることについて考え直します

風もその間を抜けられず、
互いに連携して密着し、
絡み合って引き離されない。
彼のくしゃみは光を放ち、
さながらその両の目は曙のまぶた、
その口からは松明が出て、
火花が飛び散るようで、
その鼻の穴からは煙が噴き出し、
さながら激しく煽り立てられた鍋、
その息は炭火を起こし、
その口からは炎が出る。
その首には強さが宿り、
彼の前では恐怖が踊る。
肉付きよく垂れた腹は固着し、
互いに溶接されてびくともしない。

その心臓は固められて石のよう、
臼の下石のように堅固だ。

彼が身を起こすと神々も恐れ、
彼が潰しにかかると、彼らは逃げ惑う。
人が剣を引き抜いても歯が立たず、
槍も割り石も鏃(やじり)も役立たない。
彼は鉄を藁と見なし、
青銅を朽ちた木と見なす。
弓の子も、彼を退散させられず、
投擲用の石山も藁屑に変わる。
彼は棍棒も藁屑同然と見なし、
投槍の騒ぎを嘲笑う。

彼の下腹には鋭い瀬戸かけ、

脱穀板のように泥の上に跡を残す。
彼は深淵を鍋のように沸き返らせ、
海を香油の調合鍋のようにする。
彼が通った跡は輝き、
人は深淵を白髪と見なす。
地上には彼に比肩できる者はいない、
彼は恐れ知らずに造られた者だ。
彼はすべての高ぶる者を睨む。
彼こそは誇り高き獣たちすべての王である。（41・4〜26）

いよいよ神は創造主としてのご自慢の作品であるレビヤタンをヨブに見せつけます。第二の怪獣レビヤタンはベヘモットよりもさらに強力で、強靭鉄壁な肉体を持って登場します。詩人は「わが言葉は止まらない」（41・4）との導入句をもって後半部での叙述につなぎ、レビヤタンの作りの堅牢さを賛嘆の念をもって描写します。詩人の筆が躍動しています。レビヤタンはワニ狩りに使う道具を一切撥ねのける力の持ち主ですから（40・31）、人は「彼を一目見ただけで、平伏するだろう」（41・1）

と言われます。最終行の「誇り高き獣たち」は字義通りには「誇りの子ら」ですが、彼らは「獅子」の換喩です（28・8）。この詩行は「神の弁論」を締めくくるのにふさわしい高揚感をもたらします。

神の弁論が38章の終わりから取り上げてきた動物たちの世界は、人間にとって「外部世界」でした。それはベヘモットとレビヤタンにおいて頂点に達しています。しかし、現代人は果たして外部世界に対して敬意を表し、尊重しているでしょうか。ベヘモットは人間には疎遠な怪獣ですが、「山々は彼のために産物を持ち来たり、野のすべての獣はかしこで笑いさざめく」（40・20）のです。この美しい情景を詩人の夢で終わらせたくないものです。

もう一つ問いましょう。神はその弁論において創造者の意図に挑戦したヨブを確かに叱責しました。しかし神は、ヨブに罪ありと宣言したでしょうか。そんなことは何一つありません。神の弁論は、神が自分の無自覚の咎を罰しているのではないかという根本的な不安からヨブを解放しました。それがヨブにとっては最大の感謝でした。災いがヨブにもたらした苦悩が取り去られました。次に続く彼の応答は、このことに気づかないと理解できないでしょう。

ヨブの応答　第2回（42・1〜6）

そこでヨブは、主（ヤハウェ）に応答して言った。

あなたはご存じです、あなたは何ごともでき、
あなたにはどんな企ても実行不可能ではないことを。
「一体何者か、無知であるのに、経綸を覆い隠すこの者は」。
そうです、私は認識していないことを公言したのです。
私を超えた不思議な業の数々、それを私は理解してはいないのです。
「とくと聞け、このわたしが語るのだ、
わたしはあなたに尋ねる、わたしに答えよ」。
私はあなたのことを耳で聞いていました、
しかし今、私の眼はあなたを見ました。
それゆえ、私は退けます、
また塵灰であることについて考え直します。(42・1〜6)

いよいよ、ヨブ記詩文の結論部に達します。まず、ヨブは神の弁論を聞いた上での反省を神に語ります。彼は神がバベルの人々の高ぶりに対して発した言葉「彼らが何を企てても、妨げることはできない」(創世記11・6、私訳)を引用し、「彼らが」を「あなたが」に置き換えて、神の力の偉大さ

を讃えました。神のみが誰にも妨げられることなく、意のままに計画を遂行できるお方なのです、と。バベルの人々に対する神の評価が、神自身に転化されていることにユーモアが感じられます。神は苦笑いしてこの発言を許してくださるであろうという、神に対するヨブの信頼も感じられます。

その後の詩行では、ヨブが神の弁論から聞き取った叱責を多少の変化をつけて反復しています。ヨブはかつて神の創造を取り消すことができればと願い、世界の創造に秘められた知恵や意図、そして他ならぬ神が被造世界を統治されていることには目をふさぎました。それは「経綸を覆い隠す」ことにほかなりません。彼はまさに「認識していないことを公言」したのです。創造はヨブの理解を「超えた不思議な業」にほかなりません。

ところが神は被造者のひとりであるヨブに対して、ご自分を現しました。神ご自身がヨブに直接応答なさったのです。ヨブが神を直接肉眼で見たということではありませんが、ヨブにとってはあり得ない名誉でした。ヨブは感謝の思いに満たされたはずです。神の言葉をもっぱらヨブに対する叱責だと受け止める真面目な人は、この神の弁論が、ヨブの存在、人格、自由を認めたことを彼に発見させ、彼を感謝の気持ちで満たす役割を果たした事情を読み取れないでしょう。神は叱責のかたちをとって、創造と被造世界における神の知恵と恵みとをヨブに見せたのです。神にとって、ヨブの罪などは言及に値しないものでした。

ヨブは、「私はあなたのことを耳で聞いていました、しかし今、私の眼はあなたを見ました」と感謝します。ヨブはかつて神の祝福を受けていましたが、神との関わりは間接的でした。それが「耳で聞いた」という言葉の意味でしょう。ヨブは今、神による直接の応答を経験しました。これこそ「神を見る」ことの内実です。かつてモーセは山で神から律法を授けられ、「主の姿を仰ぎ見る」ことができました（民数記12・8）。しかしモーセが神から直接示されたのは神の意志でした。ヨブも同じです。彼はモーセの体験を超えて、神の意志である世界創造と世界を維持する業を眼前に示されました。それを目の当たりにしたヨブは「あなたを見ました」と言うほかありません。彼は神の姿を見たモーセに並ぶ、あるいはそれ以上の存在であると、示唆しています。

最終節は神の応答を受けたヨブの新たなあり方を短い言葉で語ります。ヨブは人間の世界を超えた神の大きな「公義」の存在に目が開かれ、この世界における公義の維持が人間に委ねられていることを自覚しました。そのヨブが創造世界を否認し、世界に「公義」がないかのように神に抗議した言葉の全体を「退ける」ことは当然です。彼は自分の姿勢の間違いを認め、それを告白しました。その意味でこの句はヨブの「回心」を指し示します。このヨブの積極的な姿勢は「塵灰であることについて考え直します」との結びの一句で示されます。この「塵灰」は、アブラハムがソドムを滅ぼそうとする神に思い直しを迫るときに、「塵や灰にすぎない私ですが」（創世記18・27）と語ったときの言葉と同一です。アブラハムはこの言葉によって、自分が被造者にすぎないが、神に対して人格的に応答できる恵みを感謝しています。ヨブはこの感謝を引き継いでいるでしょう。

神の前では「衣蛾」のように踏み潰されても仕方のない存在であるというのが、ヨブの友人たちが示した人間理解です（4・17〜20、15・14〜16、25・4〜6）。ヨブはそのようには決して考えません。アブラハムの神への言葉からも分かることですが、人が神に公義を問うことは懺悔すべき高慢の咎ではありません。むしろこの問いの姿勢こそが大事です。それを後日談の中での神によるヨブへの高い評価が示唆しています（42・7、10を参照）。したがって、「私は自分を退け　塵と灰の上で悔い改めます」（共同訳）のような、一般に行われている訳法は考えものです。

「塵灰であることについて考え直します」とのヨブの反省は、彼一人の被造者としての限界と被造者への恵みの告白であることを超えて、世界と人類の被造性を考えるという課題につながります。ヨブが受けた苦難は彼一人の問題ではありません。苦難は個々に違いますが、苦難の不条理は人類的なものです。また被造者としての恵みも同様です。この恵みは平等ではありません。多くの問題を含んでいます。それを示唆するヨブ記は人類のための書物です。それをどう考えるかは、終わることのない人類の課題でしょう。

10　わが僕ヨブは確かなことを語った（42章7〜17節）

終曲（42・7〜17）

「塵灰であることについて考え直します」（42・6）というヨブの言葉によって、苦難を下されたヨブの神に対する抗議には終止符が打たれました。その間に彼と友人たちの論戦が差し挟まれましたが、それも終了しています。ヨブの苦難は神がヨブの義人性を誇り、サタンにヨブへの災いを許可したことから始まりました。神のこの許可についてはまだ決着がついていません。それを行うのが、「終曲」における後日談の役割です。ここでは散文が復活し、語り手がこの件についての神の真意を語り、ヨブ記のドラマに終結をもたらすという重要な役割を果たします。

主（ヤハウェ）はこれらの言葉をヨブに語った後、主（ヤハウェ）はテマンの人エリファズに向かって言った。「わたしの怒りがあなたと、あなたの二人の友に向かって燃え上がる。なぜなら、あなたがたはわたしに対して、わが僕ヨブのように確かなことを語らなかったからである。今、あなたがたは自分たちのために雄牛七頭、雄羊七頭を取って、わが僕ヨブの許に行き、燔祭をあなたがたのために献げなさい。そうすれば、わが僕ヨブはあなたがたを庇うための祈りを献げるであろう。わたしは唯々彼の願いを聞き入れ、あなたがたがわたしに対して、わが僕ヨブのように確かなことを語らなかったという理由で、わたしはあなたがたの愚かさに応じた扱いをしないであろう」。

（42・7〜8）

そこでテマンの人エリファズ、シュアハの人ビルダド、ナアマの人ツォファルは行って、主（ヤハウェ）が彼らに語った通りにした。そこで主（ヤハウェ）はヨブの願いを聞き入れた。（42・9）

ヨブと友人たちとの対論はヨブの一方的な打ち切りで終わっていました（27章）。この人間的な言葉の勢いによる決着は神の決着ではありません。互いの信仰を賭けての論戦について、神は「真偽」ではなく、どちらが神について「確かなこと」を語ったかによる判定を下します。神は「神のため」と称し、自らが作り出した神について語る人間の高慢と錯誤を放置できません。そこで神は、友人たちの代表であるエリファズに対して激しい「怒り」を伝達しました。人は神の「怒り」に耐えられません。そこで神は怒りと合わせ、処罰を回避するための手段をエリファズに伝達しました。その手段は友人たちがまずヨブの許に行くことでした。それを実行することは彼らのへりくだりを示し、彼らが非難したヨブに、自分たちの思い違いと攻撃を謝罪し、彼らに対して憤る神への執り成しを懇願するためでした。

友人たちは神の指示に従い、かつてのヨブの行動に倣って燔祭を献げました。神はそれを「あなたがたのため」の行為だと語ります。異邦の占者バラムはイスラエルの神への敬虔を示すために、雄牛と雄羊七頭ずつの大規模な燔祭を献げましたが（民数記23章）、ヤハウェは考えを変えませんでした。ヨブが子どもたちの無事を願った燔祭も無駄に終わっています（1・5）。友人たちの燔祭は神を宥めるものでは決してなく、彼らの謙虚を示すためだけのものです。ここでの重要事は、ヨブが彼らを庇う祈りを神に捧げることでした。神はこの東の人の執り成しの祈りを聞き入れました。祈りは民族の差異を乗り越えます。

彼がその友人のために祈りを献げた時、主（ヤハウェ）はヨブの境遇を転換した。主（ヤハウェ）はヨブのすべての所有を二倍に増やした。そこで彼のすべての兄弟、すべての姉妹、すべての知己が彼の許を訪れ、彼の家で彼と共に食事をした。彼らは、主（ヤハウェ）が彼の上に下したすべての災いについて彼に同情を表し、

彼を慰藉して、彼に各々一ケシタと金の環一つを贈った。（42・10〜11）
主（ヤハウェ）は、その後のヨブを以前に増して祝福した。彼の保有は羊が一万四千頭、らくだが六千頭、牛が千対、雌ろばが千頭となった。また、彼には七人の息子と三人の娘が与えられた。彼は長女の名をエミマ、次女の名をケツィア、三女の名をケレン・ハップークと名づけた。ヨブの娘たちのような美しい女は、地のどこにも見出せなかった。その父は彼女らに、その兄弟たちと一緒に相続財産を与えた。（42・12〜15）

この後、ヨブは百四十年を生き、彼の子らを、また彼らの子らを四代に及ぶまで見届けた。彼は年老い、その日々に満ち足りて死んだ。（42・16〜17）

いよいよ、ヨブのドラマの締めくくりです。ヤハウェは、ヨブが友人たちへの「祈りを献げた時」に彼の「境遇を転換した」のです。ヨブが友人のために祈る時には、彼は悲惨な姿のままだったことが示唆されています。ヨブは自分の状況を顧みることなく、友人たちの頼みに耳を傾けて祈りました。なお、語り手は祈りの後でヨブの肉体と生活状況が回復したことを示唆しますが、それがどのようになされたかには関心がありません。語り手は神がヨブを元通り以上に回復させたという事実を読者に伝達するだけです。「境遇を転換する」という表現は、「民」もしくは「エルサレム」が捕囚状態から回復されたという意味で使われる術語的な表現ですが、ここではたったひとりの異邦人である「ヨブ」の状況の変化に使われています。それはイスラエルの神の理解を革新する力を秘めています。

ヨブの生活が元通り以上に戻るのを見届けてから、彼の親族、友人たちが彼を訪れて「慰藉した」と記されます。ヨブがひどい状況の時には「親族」も「知己」も彼を見棄てたというヨブの嘆き(19・13〜14)を思い起こします。彼らが持参したお見舞い金の単位「ケシタ」は族長時代の伝説的な金銭の単位です(創世記33・19)。ヨブ記がモーセ以前の出来事であることを示唆しています。ケシタへの言及はイスラエルの正統主義の批判をかわすための細工でしょう。

語り手は、ヨブに対する人々の慰めの理由を「主が彼の上に下したすべての災い」と記します。神はヨブの問いに口を閉ざしてきましたが、語り手はさりげないかたちで、このひどい災いが神によってなされたことを読者に報知します。しかしドラマの主人公であるヨブは、災いの理由を最期まで知ることはありませんでした。通常の加害には二倍返しが古代の通則で、神がヨブの家畜財産は二倍にして戻したことも責任が神にあったことを間接に語ります。財産は二倍になっても、新たな息子娘の数はかつてと同じです。そこには人間は動物と違うという認識が働いているからでしょう。息子娘の数が戻っても、以前の息子娘たちが戻ったわけではありません。なお、使用人たちには言及がありません。作者は彼らへの言及を避けることにより、雇用者に縛られる身分の存在に対する批判を働かせているのかもしれません。なお、ヨブは娘たちに兄弟たちと同様の相続財産を与えましたが、それは古代の家父長制社会の法慣習に逆らう措置でした。息子たちの名前は記されませんが、娘たちの名前は紹介されます。それも男性社会の現実に対する皮肉でしょう。ヨブの信じがたい長寿は彼がモーセの没年をも、イスラエルの父祖たちの没年をも超えていることを暗示します。彼がイスラエルの伝統の外の人物であったから、こんな長寿の記事が可能であったのでしょう。

ヨブは没しましたが、イスラエルの父祖のように「先祖の列に加えられた」（創世記25・8、35・29、49・33）とは記されていません。彼が異邦人であったからです。ヨブ記はイスラエル民族の特権視をすべて排除しています。このようにヨブ記は何気ない民話風の語りにおいてさまざまなことを示唆しています。

神は聖書の伝統の外に置かれた人物の苦難を心に留めたまいます。ヨブ記を読むわれわれは、そこに大きな意味を見出します。この書物は一人の人間の苦難と神の蝕と交わりの回復、友人たちとの和解を取り扱いました。それらは人類の永遠の課題です。

あとがき

日本キリスト教団出版局編集部の皆さんからの要望を受けて、昨年五月末に『ヨブ記を読もう』の執筆に取りかかりました。夏の盛りには最初の草稿を書き終えています。二〇二一年に刊行した『ヨブ記注解』という大変に骨の折れる書物も同編集部からの要請を受けて執筆しましたが、これも初稿の完成までに使った時間は一年と三か月でした。ヨブ記作者も比較的に短い期間で、気合いを入れてこの複雑に構成された書物を書き上げたのではないかと思います。今回も作者の気合いに押されないようにと願い、彼の速筆に付き合いました。彼の気迫が私にそうさせたのだと思います。

ヨブ記作者には一つの文芸作品を書いたという意識があります。旧約聖書に収められた文書としては珍しいことです。作者は作品全体の構造をしっかりと考えていますが、個々の発言に秘められた意図を親切に説明はしません。発言の意図を読者に考えさせようとしたのでしょう。それに、発言の意図を一つ一つ説明しては散文的になって、作品の勢いを殺ぐことになります。ヨブ記を読むための手引きをするには、骨子だけ解説してあとは読者におまかせ、というわけにはいきません。個々のテクストがいかなる発言の意図を持っているかについては、私の読み取りに従ってフォローしたつもりです。

執筆に際しては紙幅を増やさないために、ヨブと友人たちとの討論およびヨブの独白については、引用をところどころ省きました。この刈り込みのお陰で議論の進行の見通しがよくなったと思います。しかし取り上げなかったテクストにも意味はあります。少しくどいと思われるヨブと友人たちの議論もこの書物の特色です。一般にすぐれた作品であるほど、全部を読むのが好ましいに決まっています。ヨブ記はそういう挑戦を読者に仕掛けている書物です。そこで読者が自分で読む楽しみを残すのが、私の義務であるかもしれません。幸い本書で用いた拙訳は、インターネット上ですべて読むことができます。それを利用して割愛部分をお読みくださると、それらの箇所と本書の解説とのつながりをつけやすいでしょう。

われわれがヨブ記を読む上で重要だと思うことを、最後に二つ挙げたいと思います。一つは、ヨブの最後の言葉（42・6）が読者であるわれわれに与える問いかけです。ヨブはこの世界の悲惨な状況は神の放置がもたらした結果ではないかと疑って神に抗議しましたが、結局、世界にはびこる不正義は被造者の責任であることを教えられました。神がそれを糺（ただ）そうとして直接にこの世界に介入するならば、この世界に生きる人間は自由な決断と行動の意味を失うでしょう。被造世界において公正を実現するために、まずは人間が努力しなければならないのです。ヨブの言葉はさまざまな危機に直面している今日の人類に向けて、強力なメッセージを発しています。

二つ目は、神の応答を通じて、ヨブが自らの苦難を新たな視座から捉えられたということです。苦難の中にあるヨブに神が直接応答したことによって、ヨブの尊厳が確保されました。彼は神の御心の内に置かれていたのです。このことを悟ったヨブは、公義を無視する者として神を批判せざるを得ないという苦しみから解放されました。彼は魂の自由を得たのです。ヨブが神に対する非難を撤回し、神に感謝の言葉を述べたのは、当然のことでした。

ヨブは神の応答を聞き始めてすぐに神の意図を読み取り、心に喜びとゆとりを生じたと思います。彼は神が野生動物の精気あるさまを、またご自身に従う怪獣の様子を自慢げに語る時、それを神のユーモアとして受け止めることができたでしょう。ヨブの自由の証です。

本書の作成に当たっては、担当の白田浩一編集者に数々のご意見をいただきました。感謝いたします。

二〇二四年二月三日

著　者

並木浩一（なみき こういち）

1935年生まれ。国際基督教大学卒業、東京教育大学大学院博士課程単位取得。
現在、国際基督教大学名誉教授。元東京神学大学非常勤講師。
1989–97年、2001–05年、日本旧約学会会長。

著書

『古代イスラエルとその周辺』（新地書房、1979年）
『旧約聖書における社会と人間』（教文館、1982年）
『ヘブライズムの人間感覚』（新教出版社、1997年）
『旧約聖書における文化と人間』（教文館、1999年）
『「ヨブ記」論集成』（教文館、2003年）
『説教塾ブックレット8　聖書の想像力と説教』（キリスト新聞社、2009年）
『並木浩一著作集』全3巻（日本キリスト教団出版局、2013–14年）
『ヨブ記注解』（日本キリスト教団出版局、2021年）他

奨励集

『人が孤独になるとき』（新教出版社、1998年）
『人が共に生きる条件』（新教出版社、2011年）

訳書

O. カイザー『イザヤ書13－39章』（ATD・NTD聖書註解刊行会、1981年）
『旧約聖書XII　ヨブ記　箴言』（共訳、岩波書店、2004年）

ヨブ記を読もう　苦難から自由へ

2024年2月20日　初版発行

著者　並木浩一
発行　日本キリスト教団出版局
169-0051　東京都新宿区西早稲田2丁目3の18
電話・営業03（3204）0422、編集03（3204）0424
https://bp-uccj.jp

印刷・製本　開成印刷

ISBN 978–4–8184–1155–5　C0016　日キ販
Printed in Japan